変化は勝利を導く

繁栄する運送会社経営の鉄則

荒木一義
（荒木運輸代表）

Eveil
エベイユ

はじめに

私は富山県射水市で株式会社荒木運輸という運送サービス会社、つまりトラック運送会社の経営者です。

荒木運輸は、人間育成を軸に、地域に愛される会社を目指して活動している地元密着型の企業。大型ウイング車をメインに、主には北陸と関東を運航する運送事業者です。

設立は１９８０年、初代である父が創業し、今年で35年目を迎えます。従業員は90名ほどで、地方にしてはそれなりに大きいかもしれませんが、全国的に見ると大企業とはとても呼べません。

そんな会社の社長が、なぜ慣れない筆をとったか。

それは、仕事を通じて学ばせていただいた経営改善のための考え方や、創業者から会社を引き継ぐ二代目社長としての生き方などを形にすることで、同じようなことでお悩みの方のお役に立てるのではないかと考えたからです。

本書の中で「変わること、成長することが大切である」と書いています。

さかのぼれば、私自身もさまざまな事を経験してきました。しかし、以前の私は何事においても、なかなか行動ができず、変化・成長することができていませんでした。

それが、多くの人たちとの出会いや葛藤の中で、人のために「思い切って何かやる」ということの素晴らしさ、そして「変化・成長すること」の大切さに気づき、変わっていったのです。

あなたも、思い切って行動し、変化し続けること、成長し続けることを心において、ぜひともこの本を読んでいただければと思います。

一緒に学び、成長していきましょう。

●目次●

変化は勝利を導く

――繁栄する運送会社経営の鉄則――

はじめに　1

第1章　仕事環境を変化させる

第2章　コミュニケーションを変えていく

第3章　変化し続ける思考術

第4章　亡き父、子供時代に学んだこと

あとがき

第1章

仕事環境を変化させる

変化・成長するということ

私は、変化できる人をリスペクトしています。

変化をするということは、環境に合わせて、その環境において最適な形であろうとすることです。自分が最も良い形で、その環境にいようとすることです。

現代のビジネスシーンは、弱肉強食の時代だと言われています。だからといって、強い立場にある者が弱い立場にある者をしいたげていくような、人間味がなくなってしまうビジネスのあり方はどうかと思いますが、確かに弱くては生き残れません。

私はダーウィンの進化論で語られる「強い者が生き残るのではなく、変化し続ける者が生き残る」というポリシーに共感しています。それが私にはどうも合っている気がしてなりません。

繰り返しますが、変化とは、すなわち成長のこと。

自分が成長し続けないと、社員に対して指導することはできません。自分が学んでいかないと、社員に対して成長せよとは言えません。大人が成長していかないで、子供たちに何かを諭すことができるのでしょうか。成長すれば、自分だけでなく周囲の可能性も開けてくるはずです。

ただし、成長というのは横幅を広げることではありません。人間のキャパシティは限られていますので、深く広く物事に向き合うことはできません。狭く深くしかできないはずです。

社長が経理を全部知る必要はありません。社長が現場を全部知る必要もないのです。彼らを信頼し、任せ、自分は自分の役割を果たす。

今の私にとって大切なことは、社長の役割とは何かを追求し、その役割の中で成長を続けることだと考えています。

様々な社員研修で、皆が変化・成長する会社へ

私の哲学・信念に、人はきっかけで変われるというものがあります。変わるきっかけは人それぞれですが、荒木運輸の中には意図的にもたらした「きっかけ」も少なくありません。

そのひとつが、今年から導入した社員研修です。研修という刺激によって社員が変化するきっかけの場があればよいと思って始めたことです。

研修と言うと座学や講習で勉強するようなイメージがつきまとうかもしれません。しかし、私は研修で「学べ」と強要しているわけではないのです。学ぶ場であるのに、学べと言わないのは不思議に思われるでしょう。

繰り返しますが、荒木運輸で言うところの研修とは、あくまでも変わるためのきっかけに過ぎません。

もちろんそこで吸収するものが大きければ大きいほど、その人にとっては有意義なものになるでしょう。しかし吸収をする前に、「自分は吸収して変わっていく

んだ」という意欲を芽生えさせることをしなくてはいけないのです。

土台があって初めてその上に家が建つように、気付きがあって、その上に変化があるのです。そこを忘れて、ただ詰め込んでしまうだけでは、得たものを覚えることはできても、それから先はないのです。

よく「社員は家族のようなもの」と表現する社長さんがいらっしゃいますが、まさしくその通りだと思います。

もっとも実際の家族ではなく仕事の上での関係なので、厳しい目で見ないといけないことも少なくないのですが、相手への愛情という点では家族のように見て行きたいと私は考えています。

愛情というのは、その場で甘やかしたり、勝手を許すということではないでしょう。

当人が本当に幸せな人生を送れるように、あたたかく見守っていくことなのではないかと思うのです。

荒木運輸では、社員に対して研修を課すことが多くあります。マナー、モラル、コミュニケーションなど、さまざまな研修を取り入れ、社員に受けてもらうようにしています。

社員からすると、「なんで研修なんかしなくてはいけないんだ？　トラックが運転できて、仕事をちゃんとしていればいいだろう」と思うかもしれません。

しかし、今できていることだけで満足していると、自分の可能性は広がりません。いつまでたっても今のままなのです。

これが、同じところで未来永劫、同じことを繰り返すということが保証されているならばそれでもいいかもしれません。しかし、明日のことは誰にもわからないもの。今と同じ環境がずっと自分のそばにあるという保証は誰にもできないのです。

たとえばケガや病気になって、職場を変えざるを得ないかもしれない。家庭的な理由で、違う仕事につかなくてはいけないかもしれない。もしかしたら、荒木運輸でも事業拡大や別事業参画なども出てくるかもしれません。

そんなとき、狭い世界の中だけで培ってきた価値観では、自分を守ることができないのです。

つまり、どんな仕事でもそれなりにできるように、またどんな環境でも自分のポテンシャルを保てるように、引き出しは多くあればあるほど安心材料になるのです。

長年、同じ会社にずっと勤めてきた人が、転職をした途端、新しい会社の仕事の仕方が全く違うことに慣れずすぐに辞めてしまうというのはよく聞く話です。

ひとつの世界しか知らなければ、つぶしがききません。

逆に多くの世界を知っていれば、その人が会社にもたらすメリットや可能性は広くなっていきます。

会社は人の集まりです。人が成長しないことには会社も成長できません。

荒木運輸でいう研修というのは、あくまでそういう自己発見、成長の場であり、きっかけなのです。

ですから、すべて受け入れてやってほしいとは思っていないのです。研修をきっかけにして、何かひとつ変わるところがあればいい。また変わろうと思えるスタートラインになればいい。

研修でなくても、そのようなきっかけとなる場は、今後もどんどん作っていきたいところです。

失敗を伝えられる社員を育てる

私が子供のころ、父はとても厳格な人でした。

そんな父のせいにするわけではありませんが、私は若いころ、かなり内向きな性格で、なかなか前向きな考え方が持てなかったのです。

ビジネスにせよ何にせよ、失敗を想定することはあるでしょう。

それ自体はネガティブなことではなく、むしろ「こうなることを防ぐためにはどうすべきか？」と、失敗を防ぐためのアクションを起こすための材料となるものです。

昔の私は、そのような思考転換ができず、失敗を想定しては、何も行動に移すことができない情けない青年でした。

ところが、父から会社を引き継いで社長になり、紆余曲折、試行錯誤しながらも、思い切って行動することで、会社を変化させていくことができるようになってきました。

人間、変われば変わるものです。

失敗はある程度仕方がありません。

大事なことはその失敗を活かすこと。

失敗を活かすためには仲間がフォローしなくてはいけません。仲間が同じ失敗をしないことによって、その人の失敗は生きてくるものなのです。

失敗を責めるだけでは何も生まれません。「なんでこんな失敗をしたんだ」と責めたところで、失敗そのものが取り返せるわけではありませんし、時間だって巻き戻すことはできません。

残念ながら、失敗してしまったという事実は歴然とそこにあり、動かせない事実になってしまいます。であれば、歴史から学べばいい。過去から学ぶのが人間という生き物の最大の特徴でもあります。

またその失敗は、その人自身の過失でなければ、誰もが同じ失敗をしていたかもしれません。

そうであれば、「僕はね、恥ずかしながら前にこういう失敗をしてしまった。だから、それを反省してこう気を付けている」と人に伝えることができるものなのです。

だからこそ、失敗をしてしまった社員が、ただそれを恥じたり、居場所がなくなるようになっていくのではなく、「だからみんなも気を付けてほしい」と声を大にして言える環境を作りたいのです。

もし、社員が思い切って行動できないようならば、それはトップや上層部の配慮が欠けているからにほかなりません。

「この人のもとだったら、思い切ってやってもいいんだ」と思えれば、社員たちは存分にポテンシャルを発揮してくれるはずです。

社員たちに対して、思い切りを持たせるのは、ちょっとした工夫があればできます。

たとえば、言葉遣いで、「○○をしないようにして下さい」「○○みたいな事はないように」などという否定型を使わず、出来る限り「○○をするようにして下さい」「○○や○○のような形にしよう」などと肯定の形で伝えるようにする。また何かを禁止するのではなく、禁止されていない聖域を残してあげる（全面禁煙ではなく喫煙所を別に作って分煙にしてあげるなど）。

それだけでずいぶんと変わるのです。

親が子供に対してそうであるように、人間として世の誰かのために存在したい。誰かのために何かができる人でありたいと私は願っています。

子供にいい影響を与えたり、変化をもたらすためには、「こんな大人になりたい」という目で見られなくてはいけません。子供たちから、リスペクトされなくてはいけません。

大人こそ成長し続けなくてはいけないのです。

第4章には主に、先代であった父との関係を書いていますが、それを読まれた方は、こんなふうに思われるかもしれません。

「荒木さん、あなただって昔はお父さんの前で思い切り何もできなかったじゃないか」

ですから、このメッセージは、まさに昔の私に対して発しているようなものなのです。

私の場合は父親でしたが、誰かや何かの影響で思い切って行動できない人はたくさんいるように見受けられます。そんな人たちに対して、「気にするな。思い切りやったらいい」というメッセージが届いてほしい。

そのためには、私自身が常に変化を繰り返し、成長しなくてはいけない。大人が成長することによって子供も成長するのです。

同じように、社員にいい影響を与えたり、変化をもたらすためには、社長である私が変化し、成長し続けなければなりません。社長が成長することで社員も成長するのです。

絶対にクビを切らない

父の死後、会社を引き継いだとき、それまでのワンマン経営がたたって会社の経営状態は決してよくはありませんでした。

また、ガソリンの価格も、倍近く高騰していた時代でしたので、経費もかかる。人材配置も、悪く言えばムダの多いものでした。

新人社長にとっては、過酷なデビュー時期です。社員たちはお手並み拝見という目で見るのはもちろんですし、燃料費と人件費が利益を圧迫し、経営的にはかなり苦しい状況でした。

しかし、私はその状況に感謝していました。

「この過酷な状況を乗り切れるかどうかは、自分の社長就任のテストみたいなもの。ここを乗り切ったら、自分は社長として立派にやっていけるはず」

こんな考えが心に浮かんでいたのです。

そして、様々な改革を進めていきました。

詳しくは後述しますが、まず社員の運転の仕方（走り方）を変えることで、燃料を5万リットル削減することに成功しました。

また人件費についても人材配置や、活かし方を変更することで、リストラをせずクリアすることができました。実は、今だからこそ言える話ですが、当初は銀行から人件費についてはかなりうるさく言われていました。

銀行との取引には卓越した才能を見せていた父のおかげで、大手銀行と一部上場企業並みのお付き合いができていたのです。その銀行は、私が社長になってからも父のころと同じように取り引きを続けて下さっていました。

そんな中、「燃料費は時勢的にどうしようもないところはあるが、人件費はなんとかできませんか」と詰め寄られていたのです。

しかし、社員のクビを切るという考えは、私の中にはありませんでした。「社員が、今いる人たちが、うちの会社を支えてくれてきたわけです。そんな社員を活かそうとする前にクビにするということは到底できません」。そう突っぱねたのです。

案の定、銀行からは、「これでは潰れてしまいますよ」と突き返されます。まさに押し問答です。しかし、私は社員をクビにして自分だけが生き残るような会社ならば潰れてもいいと思っていました。そんな会社が世間様のお役に本当に立てるとは到底思えませんでした。

そこからなんとか状況を変えて行こうと、社長になってからの数年間、躍起《やっき》になって過ごしてきましたが、不思議とネガティブな気持ちになったことはありませんでした。

「なんでこんな会社を継がなくちゃいけなかったんだろう……」

「もっといい経営状態で引き継がせてほしかった……」

そのように考えてもいいはずです、人間ですから。

しかし私は自分の努力で変えられるその余地を残してくれた父に感謝する気持ちしかありませんでした。

楽な状態で、または何も問題ない状態で会社を引き継いでいたら、社長業の厳しさもわからなかったでしょう。そうなると、いざ危機が訪れたときに、何の経験もなければ心構えもできていないでしょうから、会社にとって致命的な判断をしてしまっていたかもません。

船が順風満帆《じゅんぷうまんぱん》に動いていたら、船長は何もしなくていい。無個性でいいのです。そこには私の想いや私なりのやり方が介在する余地がなくなり、会社としても成長することはなかったでしょう。

そう考えたら、自分の力で変えることができる、もしくは、変えなくてはいけないという土壌を残しておいてくれたということは、私の社長修業にとって、とてもいいことだったのです。

もっとも、父がそこまで考えていたかどうかは、今となっては尋ねるすべはありませんが……。

ボーナスを出さないという決断

社長を受け継いで、父が第一線から退いて以降も、ときおりアドバイスは受けることがありました。父がおせっかいで口を出してきたといったほうが正しいかもしれませんが。

もっとも社長としての心得のようなものではありません。そしてそのアドバイスもとんでもないものでした。

でも、自分の哲学を磨き上げるためには、父のトンデモアドバイスに驚かされ、検証して、自分で考えるというプロセスが重要なものだったようにも思えます。

びっくりしたのは、夏のボーナスを下げろと言われたことでした。

父が社長をしていたときは、多少無理をしてでも、借金してでも社員にボーナスを出していたのです。そこにはもちろん父なりの男気がありました。「苦しいけどなんとかしてやろう」という思いがあったのです。

その姿は、私にとっても印象的で、私自身も社長としてその考え方は継承したいと思っていました。

ところが、ある夏、ボーナスの数字を見た父が一言。

「ボーナス、多すぎるわ。こんな金額はあかんやろ。下げろ下げろ」

言っていることとやってきたことがまるで違う、その口ぶりに驚かされ、

「オヤジもちゃんとボーナス出しとったがに。俺もそうするよ」

と説明するも、「下げろ」の一点張り。

父親として心配だったのでしょう。私も子供を持つ身ですので、その気持ちはわかります。

しかし、私は父親の意向に沿いませんでした。父にはボーナスを下げた一覧資料だけを出して、実際は下げずに出したのです。

そこには私自身が、いい社長に見られたいという欲目もありました。

最初からボーナスダウンをしてしまったら、社員の気持ちがついてこなくなると考えたのです。

新人社長から社員の気持ちが離れてしまうと、会社のかじ取りに悪影響が出ま

す。それが怖かったのです。

そんな夏のボーナス支給問題も、２年目からは自分のカラーを出そうと決めました。

自分のカラー、そこでは「ボーナスを出さない」という選択でした。

こう書くと、「荒木社長は、社員にボーナスも出さないほどの守銭奴《しゅせんど》なのか」という大誤解があるかもしれませんが、話はここからです。

父の代から、ボーナス時期の金集めはとにかく大変なものでした。お金を集めないとボーナスが払えないのに、無理をして払っていたわけです。そのツケは、ボーナス後に会社に降りかかってきていました。

とんでもない暴走もするが、根本的にはいい人。社員に対して支払うべきものは借金してでも払う人。そう言えば人情肌の荒木親分と聞こえそうですが、お金周りを担当する人たちからすると、やりくりは熾烈《しれつ》を極めます。

私が社長になってからは、社長の使命として、会社を残さなくてはいけないということを第一にしていました。

何があっても会社を潰さない。うちの会社で働いて、食べていく社員と家族を路頭に迷わせない。恨まれようが、文句を言われようが、それだけは社長の絶対的使命だと、私は今でも信じて疑っていません。


そこで私は、就任2年目の夏、社員たちに根気強く説明をしたのです。

「あなたたちの働く場所を残さないといけない。だから会社全体の実績が伴わないうちはボーナスを出さない。理解してほしい」

ボーナスを出してあげたいという気持ちは強いし、それは先代と変わりません。でも出せないときに無理をして、会社の体力を奪うのは危険だと考えたのです。

実は、先代が社長を辞める直前には、無理をしてボーナスは出したものの、給料を10％下げざるを得なかった、ということもあったのです。私が社長であるかぎり、それだけは避けたいと思っていました。

そこで彼らに約束したのです。

「ボーナスはいじる。でも自分はこれからは絶対に給料は下げない。安定は守るからついてきてほしい」

そう社員に訴えたのです。

ボーナスを出すために給料が下げられた経験があったからでしょうか。社員たちからの反発はありませんでした。


幸いにして、3年目からは少しだけボーナスも出せるようになっていきました。

ボーナスを出すためには全社的に結果を出す。そのためには社員が個々に、少しだけ高いところを目指していく。今のままで当たり前と思わず、もっと何かできると考える。

今でも毎年、個別相談をしながら、そんな意識を持ってもらえるよう話し合っています。

シビアにしなければならないものは、シビアにしないといけない。一時的な情というのは劇薬と同じです。誠意とシビアさは表裏一体なのです。

社員の仕事環境を改善する

先代はとにかく売り上げ重視でした。

安い仕事でもどんどんしろ、引き受けろと厳命《げんめい》していたのです。

しかし私が社長になってからは、反対のスタンスをとっています。利益が上がらない仕事はやらないほうがいいと考えているからです。

たとえば、トラックで同じ距離を走ったとします。走行距離が800キロ程度だとして、往復で荷物を積めるような仕事だと走行距離をまかなえるだけの運賃が入ってきますが、片道だけの仕事だと400キロ分のガソリン代と、片道を返ってくる時間の人件費が無駄になってしまいます。

また、トラックの運転には常に事故のリスクがありますし、運転というものはとても体力を奪いますから疲労についても考慮しなくてはならない。

トラックの荷台が空のまま走るということはそれだけリスキーなのです。それなら休ませる方がよほどいい。それが私の考えです。

私は、安く社員を売りたくありません。安い仕事をするということは、大事な社員をバーゲンのセール台に乗せて安売りするようなものです。

もっとも、その考え方だと仕事を選ぶことになりますから、売上を落とすし資金原資は減ります。資金繰りも苦しくなるかもしれません。

しかし、社員の環境を良くするというメリットは手に入れられます。

私が信じていることのひとつに、社員の環境を良くするように心がけると、必ず売り上げは追いついてくるということがあります。無理をすればするほど、逆にエネルギーロスが大きい。

真の合理化とは、誠意をもって環境を良くすることにほかならないのです。それを証明するいい例があります。

荒木運輸では、生コンミキサー車も扱っていますが、その車が出入りするコンクリート会社とのやりとりがありました。

そのやりとり以前は、一般道は70キロ、高速道路は100キロで走るのが暗黙の了解になっていました。

「おや?」と思われた方、大正解です。そう、法定速度を違反しているのです。実はトラック業界には、このような法定速度違反が珍しくありませんでした。暗黙の了解、つまり業界の闇の部分です。

少しでも早く届けることで信用を得る。

少しでも早く届けることで人件費を浮かす。

急ぎの場合もあるでしょうし、現場に間に合わせなくてはいけない取引上の必要性もあります。いろんな大義名分がありますが、いずれにせよルール違反はルール違反です。

でも、本当に社員の環境を考えたら、違法スピードで走らせていいわけがありません。

そこで相手方に相談を持ちかけたのです。

「荒木運輸の車は法定速度を守らせたいんです。他社の車に抜かれてもいいですか?」

法定速度を守らせると、ほかの会社(守っていない車)よりも遅くなってしまうのは目に見えています。追い越し車線で抜かれてしまうことなど、頻繁に起きるでしょう。

しかし、法定速度を守らせますというのは、社会的に見て当然のことですので、相手方も理解は示してくれました（そうでなければ逆に驚きますが）。

実は、この法定速度遵守がさまざまなメリットをもたらしてもくれたのです。ロースピードですから必要以上にエンジンを回さずに済みます。つまり省エネになる。法定速度で走っていますので、警察の目にひっかかることもありません。つまり、ドライバーの精神衛生にいい。また安全を確保しやすくなります。

さらには、事故を起こさなければ、修理代はかかりませんし、車も傷みません。トラブルがないので、売り上げも安定してきます。

急がば回れではないが、無理をしてもろくなことはありません。むしろその逆で、無理をしないことの方が、「急がば回れ」ということにつながるのです。

利益を見込めない仕事はスパっとやめる

よく、「結婚はタイミングと勢いだ」なんて言ったりしますね。

このお相手はとてもいい人だけど、なんとなく踏ん切りがつかない。そういうときは、しかるべきタイミングが来たら、「ええい、ままよ！」と新しい環境に飛び込んでみる。そうすると案外うまくいくということを、よく耳にします。

会社経営でも、さまざまなタイミングで勢いを持って決断しなくてはならないことがあります。

たとえば、

「先代は売上ばかり求めていた」

父の時代を知る人たちから、そう言われることが時折あります。それはあながち間違った指摘ではありません。

父は安い仕事でも、売り上げが上がるならどんどん引き受けていました。利益が薄くても構わなかったわけです。もっとも、そこに父のそろばん勘定があったわけではなく、単に人からの頼みを断れないという、父らしい理由でした。それが高じて、いたずらに社員を疲弊させる環境が生まれてしまっていました。

会社組織は、それではうまくいきません。

私の時代になってからは、利益率重視で、売上を下げても下手な仕事をしないようにするという考え方の元で経営を進め、利益が見込まれない仕事は、タイミングを見て、かつ勢いを持って取捨選択をしてきました。

同じ仕事をするなら、いいものをやっていこうという考えです。そうすると、売上が下がるから運転資金のやりくりが難しくなります。しかし、そこは社長として自分が何とかしなくてはいけません。

また、父のように、売上だけを求めるのではなく、利益を考えていくからには、常に事業そのものを成長させていく必要があります。

やってきた仕事を単に受けていればいいという、運任せではやっていけないのです。また昨年がよかったからといって、今年も同じ状況になるとは限りません。昨年と同じことをするならば、昨年と同じか、それ以下になってしまうと考えて、常に変化・成長していく必要があります。

常日頃から新しい取り組みをしなくては、本当の意味での成長は訪れません。成長が訪れなければ、社員の給料やボーナスをアップすることもできません。

私は社員がやっていることを安売りしたくはありません。会社の商品は、あくまで人であると考えています。

やめなくてはいけないものはスパッとやめる。取り入れるべきものはスパッと取り入れる。切り替えが重要です。

その切り替えをするときに、タイミングと勢いを重視していれば、案外ダラダラと先延ばしすることなく行動に移せるものなのです。

年度計画は、各部門で考える

人を動かすという点で、私が大事にしているもののひとつに年度計画があります。

この年度計画の立て方に関して、父と私はまるで違う考え方でした。

私の代になってからは、毎年、各部門の管理者から出してもらったものを、自分なりにまとめ直して正式な年度計画に仕上げています。

このポイントとなるのは、最初に各部門で考えてもらうというプロセスを入れていることです。管理者から、いささか弱気な計画が出てきた場合は、どこかにほころびがある証拠。その場合は声を掛けて話を聞いて、一緒に考えていくようにしているのです。

これは比較的早い段階で効果が出ており、社長就任後、2~3年目くらいから、きちんと達成できるようになってきました。

達成感がモチベーションにつながり、社内の雰囲気もずいぶんと明るくなったように思います。

先代のときは、このやり方が少々違っていました。

まず、資金繰りが苦しくなってくると、そこで初めて管理者ミーティングを行います。管理者ミーティングは、おおよそ資金が底をついてくる段階で行われており、そこに計画性はありませんでした。

「先日融資を受けてきたばかりなのに、もうお金がない。だから、何とかしろ！」

極端な話ではなく、ミーティングで社長は管理者たちにこう言って説教をしている感じでした。

幹部たちは、いきなりそんなことを言われても何も出来るはずはなく、戦々恐々とするばかりで、むしろお説教を耐えて、のど元過ぎれば何とやらで、その場を切り抜けることだけを考えていました。

父のそのような指示を横目で見ながら、そんな会議は不毛であると私は考えるようになっていきました。今、必死でやっている結果に対して、なんとかしろだけではどうしようもない。具体的指示がなければ行動に移しようがありません。行動するには、具体的な指示とモチベーションの種が必要です。

そこで私は、各部門の管理者に数字を挙げてもらい、最後に自分が妥当だろうと思う数字をあてはめていくようにしたのです。実際に手が届くか届かないかの微妙な距離感を大事にして、「あとちょっと努力すれば届く」という気持ちを常に持てるように。

そうして、「自分達で挙《あ》げた数字だからがんばれるよね」と奮起を促すと、年度計画も次第に数字通りになっていったのです。

真似ごとをオリジナルへ改善する

よく社内で培《つちか》ってきた知識や経験、また方法論をまとめて「文化」と呼ぶことがありますね。長年続いた会社には、やはり独自の文化があるもので、荒木運輸にもそれなりの文化、風土というものが存在します。

でも、私はこの文化を、後生大事にしていかなくてはいけないとは考えていません。むしろどんどん変化し、新しい文化にバージョンアップされていく必要があると思っているほどです。

たとえば会社の中のルールなどは、その時代に合わせて変化しなければ、ただ古いだけで何も役に立たないルールになってしまいます。

また催しごとや仕事の流れなど、その時々でベストなものを常に選び直していかなくては、いたずらにマンネリをもたらすだけです。

ですので、私は、社員からもたらされた提案でも、私自身が気付いたことでも、

「今、必要だ」と思えば、スピーディに取り入れるように心がけています。

たとえば、荒木運輸のトラックでは、降りるときにマグネットステッカーを運転席のドアの外側に貼り付け、出発する前に、それを確認し、剥がして、運転席に乗り込むようにしています。

このマグネットステッカーには、出発前に点検するべきことが書かれています。

例えば、長期のトラックには、

1. 歯止め収納を確認したか
2. ウイング閉止を確認したか
3. 周囲安全を確認したか

と書いてあるステッカーを積み込んでいます。

これを見る度に「そうだそうだ、ちゃんと確認して事故には気を付けないと」という意識が生まれますし、必ずこのマグネットステッカーは剥がして積み込みますので、その際にほぼ間違いなく書いて条項をチェックすることになります。

これは、社員が見つけてきたもので、運転をする前に、注意すべきことが書かれたマグネットシールを運転席に張り付けて、視覚的に運転前の意識を高めるという試みをやっていた同業他社があったのです。

その情報を知るや否や、私はすぐに自社でも取り入れました。さらに、それをどう改良すると、もっと自社にマッチするかと工夫を凝らし、降りるときに運転席の外側に貼り付ける、という工夫をプラスしたのです。

「そんなこと言ったって、それはほとんど真似をしているだけじゃないか。自分で考えてもいないものを自慢してどうする」

そのように思われるかもしれませんが、真似はとても大事なことです。マグネットの場合、正しくは話で聞いてきたものを自社なりにアレンジしたというほうが正確ですが、他社の事例を参考にしないまま独自の発想だけでは限度があるはずです。真似をしたくなるということは、すでに結果を出しているから「やってみよう」と思うわけですね。だれも失敗事例を真似したいと思わないわけですから。

でも、単に真似として取り入れても、どこかでうまく咬み合わない部分が出てきます。オリジナルは他社のそのときの状況に合わせて作られたものですから、自社の状況に完全にマッチするわけではないのです。

ですから、状況に応じて改良する。そうして自分のものにしていくのです。するといつしか、その真似ごとが自分にとってかけがえのないオリジナルになっているのです。

ちなみに、父の時代は、父がルールであり、父が文化そのものでした。社員が介在する余地がほとんどなく、社内から積極的な提案はあまりなかったようです。

しかし私は、これは大変もったいないことだと思っていますし、もっと社員から提案をしてもらいたいのです。実際に、そういう姿勢で私が行動してきた結果、私の代になってから社員の提案で改善されたことは、いくつもあります。

そこで私は、自主性育成をひとつのプレジデント・ミッションとして、社員の自主性をうながす文化をより深く会社に根ざせるようにしたい、そして次世代にバトンタッチしたいと考えています。

小さなことに大きな危機感を持ち、変化していく
〈洗車時のヘルメット着用・時間厳守から体調優先へ〉

荒木運輸では、これまでドライバーたちの走り方を劇的に変える取り組みをしてきました。安全運転を奨励し、法定速度を守り、小さな事故も起こさないようにする。当たり前のことと言えば当たり前のことです。

それで1年間で5万リットルのガソリン代削減につながり、利益をむしばんでいた過剰経費を正常値に戻すことができたので、経営面では大成功でした。

しかし、そのことで経費削減よりも、もっと大きなメリットを私は見ていました。経費削減以上に、事故を減らしたかったのです。いや、減らすというよりは事故をゼロにしたかった。

まずは社員が無事に帰ってこられるということが一番。それと同時に、うまいこと経費削減ができればいいというのが自分の感覚だったのです。

私は常に、この「まずは社員が無事に帰ってこられるということが一番」ということを大切にし、さまざまなことを感じるようにしています。ですから、細かい事故であっても、「この小さな出来事は大きな出来事の予兆かもしれない」と感じたときは、すぐに対策を打ってきました。細かい事故や、ちょっとした危険を感じさせる出来事から知らせがあるたびに、アクションを起こしてきたのです。そして事故が減ってきたのです。

そんな折、ある社員が、こんな事故を起こしました。

彼は、ある日ミキサー車を洗車していました。ちょうどそのとき事務所に誰もおらず、彼も人目がないということもあり、ヘルメットをかぶらずに気楽な感じで洗車をしていたのです。

わが社では、現場で作業をするときは、いかなる場合でもヘルメット着用を厳命しています。

しかし、社内に戻ってきたときまでは厳密に規定していなかったのと、誰も見ていないからといって、それを怠ってしまったのでしょう。

運が悪いことに、その洗車の最中に、彼はミキサー車の上から転げ落ちてしまい、肋骨を折る大けがをしてしまいました。助けを呼ぶにも事務所には誰もいない。自分で立ち上がることもできない。とても大変な状況になっていました。

幸いにして、間もなく人が事務所に戻り、彼の異変に気付き、素早く処置をすることができ、そこまで大事にはならずにすみました。

その報告を聞いた私は、「これは何かの知らせだ」と受け取りました。今回は肋骨の怪我ですみ、命に別状はなかったので良かったのですが、もし、また誰かが洗車等をしているときに転げ落ち、今度は頭を打ってしまい、命まで亡くしてしまったら大変だ、と思ったのです。

もちろん彼に対しては、改めてヘルメットの着用をうながし、ヘルメット着用の意味を再び理解してもらうようにしましたが、本人への注意で終わらせてはいけないと感じました。

特に人の命にまつわることは、危険が生じてから学ぶことが多いものです。痛みを知らないと、本当に危険かどうかわからないもの。

ですから、その痛みを社内に広めることで、痛みを共有しなくてはいけないと考えたのです。そこで、改めて社員全員に彼の事例を伝え、厳しく注意を促し、「社内に戻ってきたときの作業に関しても、必ずヘルメットをかぶる」ということを社内ルールにし、徹底しました。

また、ドライバーという仕事は、大きな車を走らせるわけですから、常に人の命を危険にさらす可能性があり、また、自分が怪我をする可能性もあるという危険と隣り合わせの仕事でもあります。小さな無理が死亡事故につながる可能性もあるのです。ですから、ちょっとしたことでも、社員に無理をさせたくはありません。無理をする前に、そこでストップをかけられなければ管理者としては失格です。

ですから、荒木運輸では、

「夏場に熱中症のような症状を少しでも感じたら、すぐにその場で止まって休憩しなさい。急いでいたとしても、体調優先で必ず休みなさい。何時までに届けるという顧客との約束は大事だけども、おかしいと思ったらすぐに会社に連絡をしなさい……」

と社員に伝えています。「時間厳守を優先しろ」という判断は、絶対に間違っています。

彼らに何か不慮《ふりょ》の事態があれば、彼らの家族に申し訳が立たない。お客様から預かる荷物は大事ですが、それ以上にドライバーの命を大切にするために、私は感覚を尖《とが》らせています。

ひとつのことをきっかけに、最悪の事態に進まないように手を打つ。小さなきっかけから大きな展開を予想できなくては、人の安全は守れません。

このように小さなことに大きな危機感を抱く感受性こそが、本当の意味でトップに必要な才覚なのだと信じています。

クレームはステップアップのきっかけに

大阪にある傘屋さんに、あるクレームが寄せられたそうです。

雨の日に傘をさしていたその方が、電車に乗ったとき傘についた雨水でズボンが濡れてしまったという内容でした。

「雨なんだから傘だって濡れるだろう。畳む前に水気を飛ばさなかった本人の不手際じゃないの？」

と、そのクレームをつけた側の理屈を疑問視する方も少なくないでしょう。

しかし、その傘屋さんの社長は違っていました。「これは何とかしなければ」と、撥水性《はっすいせい》を高めた傘を開発し売り出したそうなのです。これが大当たりし、その傘は大きな話題を呼んだのです。

昨今、企業に対して脅迫めいたクレームをつける悪質なクレーマーの存在も問題になっていますが、クレームとはそもそもありがたいものなのです。

お客様としては「この企業をよりよくしたい」と思っていないかもしれません。でも結果的に、この傘屋さんの社長さんのように、真摯に受け止めることによって、本当に世の中が求めていたアイデアにたどり着くこともあるわけです。

荒木運輸でも、クレームがあったときは、まず素直に受け止めるように指導しています。そしてそこから改善することによって、どのようなステップアップがはかれるかを考えていこうと、社員たちにうながしているのです。

こういうとき、トップが普段から潔く謝れない体質だったり、何事も隠蔽しがちな体質だったら、社員も同じようにごまかしばかりを覚えるでしょう。

トップは謝るときは謝って、次に繋げる。

社長として、それができる腹のくくり方を私はしています。

無事故手当が上がっていく!?

私は、運送業に携わる者として、とにかく何をおいても交通事故だけは未然に防ぐ努力を怠ってはいけないと考えています。

ドライバーや整備士たちの高い意識づけはもちろんのこと、全社的に「事故をしないような仕事をする」という意識を常に持ち続けてもらうようにしています。

交通事故で命を失ったり、または誰かを傷つけてしまったり。よしんば対人自己でなかったとしても、ひとり相撲で公共物を壊してしまったり……。どんな事故を起こしても、必ず誰かに迷惑をかけてしまいます。そして必ず大事な人に、不必要な心配をさせてしまいます。

ですので、交通事故だけは、引き起こしてはならないものなのです。

燃費記録表のコメント欄など小さなことでもこだわりを持つことによって、気の緩みを防止するように心がけていますし、法令順守、エコドライブなど、安全第一の運転を耳にたこができるほど言い続けています。

そうした成果は着実に上がってきています。

実際、私の代になって、かつてと比べると半分以下にまで事故の発生率を引き下げることができています。

こんな中で、最近の課題になっているのは、最後の詰めのところまで気を抜かないという集中力の持続です。人間、どうしても目的地についたら、それだけで安心してしまうもの。

道中は安全運転を強く意識していたとしても、取引先についたとたんに安心してしまい、バックで駐車しようとしたところでゴツン……。実はこれがなかなか減らずに困っているところなのです。

こうした緩みを改善するために、事故を起こさなかった人に対しては、無事故手当をつけて、その集中力を素直に評価してあげることが大事だと考えています。

無事故手当の金額は1年2万ですが、5年無事故だったら5年目は5万円になります。そして、やがて来る10年目は10万円を出そうという計画になっています。

ただし、事故そのもののジャッジはシビアです。たとえばミラーをこすって車に傷をつけてしまったということでも、ひとつの事故としてカウントしています。

別に手当金をケチってそのようにしているわけではありません。小さなミスにも神経質になることで、必然的に大きな事故を防ぐことにつながるのです。

ちなみに、先代のころから3年以内に3回追突事故を起こしてしまったドライバーは、残念ながら事故防止という点で反省ができていなかったとみなし、暗黙の了解で解雇をうながすこともありました。

先代のころは、事故を起こしても、そのときだけちょっとだけ注意をして終わりで、最終的に、3回事故を起こしてしまって辞めていった方も何人もいました。

私が社長になってからは、そんなことはしたくないと思い、ほとんどのトラックにはドライブレコーダーを搭載するようにしていたのですが、最初のうちはドライブレコーダーをうまく使えていませんでした。

そんな中、あるドライバーが2回目の追突事故を起こしました。もう一回起こさせると解雇になってしまうので、注意したのですが、そこまでドライバーの事故への意識を高めることができず、管理側としてもドライブレコーダーがちゃんと機能していないのに、それをチェックもせず、3回目の追突事故が起きてしまったのです。

そのときは、ドライブレコーダーを確認していなかったという管理側の責任もあるということで、普段なら暗黙の了解でクビになるところだけれども、なんとかドライバーの意識を改善してもらって、社に残すようにしたいということで、会社の制度をもう一度見直しました。

その後は、デジタコの点数や、ドライブレコーダーの危険信号等を見て、運転が悪そうなドライバーには、ドライブレコーダーに録画されたデータを使って、走り方を一緒に確認し、

「この辺、スピード出しすぎだよね」

「この車線変更、危なかったんじゃない」

というように、映像を見ながら、ドライバーに注意を促すようにしました。

工場内での車の動かし方も細かくチェックをして、改善して欲しい、というような場所を見つけると、ちゃんと伝えるようにしています。

たった1度でも事故は事故。次に事故をするときは、命にかかわることもあります。

ですので私は、簡単に解雇を考える前に、徹底したチェック体制を作って、本人とも話し合って、あえて本人が恥と思える事故情報でも全社的に開示してもらうようにしています。

「あなたの事故情報は、みんなにとって教科書になる。だから、本当に反省するのであれば、会社を辞めて責任を取るのではなく、同じような事故を起こさせないよう、あなたが皆に注意喚起をしなさい。それが責任というものです」と説き続けているのです。

同時に、社員であるドライバーが事故を起こしたというのは、社長である私の責任でもあります。その社員だけに責任を押し付けるのではなく、なぜそのような失敗を招いてしまったかを、当人と上長と私で一緒に考えています。

私の責任は、あくまでも事故のない環境を作り、維持することなのです。

イベントに貢献し、未来の社員を！

昨年の夏のことです。

地元の小学校で、何十年ぶりかに納涼祭を行いました。

とても反響があり、良い納涼祭になりました。

「荒木運輸さんにトラックを出してもらったおかげで盛り上がりました」

というお声もいただき、手伝ってよかったと思えたものです。

この納涼祭では、荒木運輸がトラックを出して、それをステージにして地元のブラスバンドに演奏をしてもらったり、トラックを使ってゴミの収集をさせてもらったり、と荒木運輸もイベントに協力させていただきました。

私の中にも、「地元で仕事をしている以上、地元に何か貢献をしたい」という思いがずっとあり、それが実現したことをすごく嬉しく思っています。

このあたりは、恥ずかしながら「オヤジの血を引いているな」と思うところでもありますね。父も地元のために骨身を惜しんで動く人でしたから。

父が社長をやっていた時代は、地元のイベントごとに頻繁《ひんぱん》に協力していました。父は、元々スポーツ少年団で野球の監督を無償でしていました。ですから、地元のために何かをするというのは、父にとって、もはや当たり前のことだったのです。それこそ子どもたちを海へ連れて行って遊んだり、山へ行ったり、バーベキューを主催したり。野球の試合が終われば、皆を連れてラーメン屋に食べに行ったり。子供のテンションが上がることはだいたいやっていたのではないでしょうか。とにかく子供の心をつかむのはうまかったのです。私の同級生も、そういうことを覚えていて、「楽しかった」と今でも言ってくれます。

かくいう私も、父と似たような行動をしていることに気づきますが、私の場合は目的が少し違うかもしれません。

もちろん子供たちの役に立つことが一番。あえて加えると、地域に関わることで新しい視点を持ちたい部分もあります。

トラックというと、運搬業のイメージが強いですし、実際に仕事の大半が物資の輸送です。でも、このようにイベントに参加することで、トラックを使ったステージとゴミ回収をパッケージにしてイベンターに営業することもできるのではないか、というような発見もありました。

実際にビジネスにつながるかどうかは、まだ何とも言えませんが、活動の幅を広げることは視点を広げることに他ならないと考えています。


子供に関する活動でもうひとつ。

秋田県で行なわれている物流交流授業というものがあります。そこでは子供たちに業界のことを教える試みを行っています。

私も、一度そこに参加させてもらいました。

この授業では、実際にトラックに触れてもらって、座席にも乗せてあげます。もちろん荷台もオープンし、まさにトラック隅々まで見てもらうのです。

「運転席の後ろにベッドがある！」

「ハンドル、こんなに大きいんだ！」

「席に座るまで、けっこう高さがあるんだね！」

「荷台にリフトがついてる！　リフトで荷台に乗ってみたい！」

などなど、子供たちは次々とトラックのおもしろさを発見していきます。

実は、これを富山県でもやってみたいと考えているところです。


トラック協会の全国大会で調査したところ、小学校1年生の男の子のなりたい職業ベスト10にトラックの運転手が入っていることがわかりました。

もっとも、広い意味で「トラック」とくくっているため、ダンプカーなども含まれます。でも自分が従事している職業に憧れてくれるのは嬉しいものです。社員たちも、恰好よく見せようと、「素敵なトラック運転手」になりきって参加していますから。


でも残念ながら、親が子供にならせたい職業には入ってはいません。理由はやはり危険のリスクです。交通事故や怪我などの危険がゼロではない仕事に、大事な子供を就かせたくない……。そのお気持ちは私もわからないでもありません。

でも実際にトラック業界で生きてきた立場からすると、「この業界、大人が思っているほど危なくないんですよ」と声を大にして言いたいです。

荒木運輸では、安全のための施策や取り組みを毎年増やし続けていますし、社員の安全への意識も高い。確かに危険がゼロではありませんが、限りなくゼロに近づける努力は何よりも大事にしているのです。

何はともあれ、地域の小学生、中学生が集える場に貢献できたのが嬉しいところです。

今、トラックの運転手に憧れている子供たちも、年齢が重なっていくにつれて、弁護士になりたい、会社の社長になりたい、作家になりたい、パイロットになりたい……などと夢も変わっていくことでしょう。

しかし、将来、こうした活動をきっかけに「荒木運輸で働いてみたい」「トラックの仕事をしてみたい」という子どもが出てくるかもしれません。それは地域に雇用を創出することにもつながります。

私は自分の子供の通う学校でＰＴＡの活動もしていますが、子供に関する活動全てが自分も育ててくれると考えています。ですから、自分を成長させるうえでも、未来を担う子供たちに関わることができるのが嬉しく思うのです。

地域への義理、生まれ育った地域への恩返し。それを次の世代につなげていくのは、とてもすばらしく、意義あることですので、今後も続けていくつもりです。

どんな問題を起こしても再起のチャンスを与える

私は持論として、どんなミスをしても、どんな問題を起こしても、それなりに再起のチャンスは与えるべきだと思っています。もっとも悪意を持って人を殺めてしまったりするような、法律上でも道徳上でも話にならない場合は別です（幸いにしてそのような社員はひとりもいませんでした）。

「あなたはここがいけないから、はい、クビですよ」

今まで注意されていなかった場合に、いきなりそう言われたら、社員としても簡単には納得できません。

「言ってくれれば、変わろうとしたのに」

そう思うでしょう。意図的ではなく、気づけなかったためにやってしまったという場合は、必ずチャンスを与えるべきです。

人事というものは、人の人生を左右するものですから、すぐに解雇するなんてもってのほかです。もしかしたら、会社の人事として向き不向きを見分けられなかったのかもしれない。きちんと説明しきれていなかったのかもしれない。すべて説明し、話もし、選択肢もチャンスも与えた上で、どうしても会社の意向に沿えなかった場合なら仕方がありません。もちろん可能な限り伝わっていくように、同じことを伝えるのでも、柔らかい球を投げてみたり、変化球なしの剛速球を投げるなど、さまざまな伝え方を考えていきます。

すべからく、人事はわくわくするものでなくてはならないと私は考えています。「再起」というと、マイナスからのスタートというイメージもつきまといますが、私の場合はニュアンスが違います。

「もしかしたら、これで新しい可能性が見えてくるかもしれない。すごくうまくいくかもしれない。あなたにとっても、それは楽しみなことでしょう?」

そのようなニュアンスで向き合いたいのです。

チャレンジを繰り返し、ＰＲにつなげる

私が社長になってから、様々な新しいことに取り組んできました。その結果として、エコドライブコンテストで入賞するなど、それなりの形を残すことができています。

エコドライブコンテストとは、環境再生保全機構と環境省が展開する事業者のエコドライブの取り組みを競うコンテストで、自動車を運転するドライバーとその自動車を保有する企業の協働《きょうどう》によってエコドライブを継続的に推進し、結果的に大気汚染の防止につなげることを目指した意義のあるコンテストです。

エコドライブコンテストに向けては、実は外部講師をお招きし、アドバイスをいただいたりもしてきました。

コンサルタントや外部のブレーンという存在に否定的な意見もなくはないですが、まずは考え方に広がりを持たせるために、話を聴いてみないことには何事も始まりません。自分の頭の中だけで考えるには限界があるからです。

私の場合は、その外部講師の先生とは波長も相性も合うようで、聴いたことを素直にやると、結果が出てきます。もちろん、できることとできないことはありますので、そこは社長としての目もきちんと持ち合わせた上です。

エコドライブコンテストの入賞を目指したのは、社員ががんばっている成果を誰かに見てもらいたかったからにほかなりません。

真面目にコツコツとやっていくのは素晴らしいことです。しかしその真面目さも、コツコツと積み重ねた努力も、正当に評価されなければモチベーションの維持はできません。

自分から積極的にＰＲする。誰かが見てくれる。認められる。それが再び力になっていく。その繰り返しが大事なのです。

エコドライブコンテストで賞をとってから、積極的にその賞をＰＲすることを考えるようになりました。これは、本来の私であれば考えられなかった思考の行き先です。

賞をひけらかすというと語弊もありますが、やはりそこは気恥ずかしさのあるもの。でも、成果を発表し、そこから動き出すこともあります。

その入賞を受け、私は地方の新聞社に電話し、「地方の運送屋でもこんな賞がとれたのですが……」と話してみました。すると新聞に顔写真付きで出してもらえたり、物流誌から取材の声がかかってきたりと、社名が広がっていくことにつながっていきました。

こういったことを通して、今、私は会社のＰＲにチャレンジしています。もっとも今やっているＰＲが、今すぐに結果になるかというとそういうわけではありません。５年後に花開くか、10年後に花開くかはわかりませんが、先を考えたときに、「今自分が表舞台に出ておくことは、ブランディングという意味で将来の布石になる」と考えています。

その一環として、ということもありますし、さらに会社を発展させたいという気持ちもあり、今年も県の助成金をもらって、マナー・モラルの研修会を開催して社員の意識改革に力を入れたり、エコドライブへの取り組みを強化しています。

また今後も、さらに先を見て、どんどんいろんなことにチャレンジしていきたいと思います。

多くの人とつながり、歯車を回していく

現在、私は富山県の運送業界関係者が集まる、トラック協会の青年部で部会長をやらせていただいています。会社の仕事以外にそのような役回りを引き受けているのは、恩恵を受けた業界をよりよい環境に変えたいという思いと、少しでも自分を成長させたいと考えているから。それが基本です。

自分から積極的に何かに参加したり、役回りを引き受けたりというようなアクションを起こすことで、さらに多くの人と繋がり、自分ひとりの人生経験ではまかなえない経験談や哲学に触れることができ、自分が成長できるのです。

それだけでなく、そこから、自分が社員や取引先などの関係者に、よい影響を与えていけるようになればという願いもあります。

バタフライ効果と言って、一匹の蝶の羽ばたきが、はるか遠い場所で竜巻を起こすとも言われます。小さなことであっても、どこで大きなチャンスや変化につながるかわかりません。その可能性のある限り、自分にできることは何だってや

ろう、何だって聞いてみようと、常に考えて行動するようにしています。

一つの歯車が、次の歯車に噛みあい、大きな歯車、小さな歯車がどんどん回り始める。私にとって、エコドライブコンテストでの入賞は、まさにそのスタートとなる歯車でした。

「よかったら、講演をやってもらえませんか」

最近は、自分が所属する協会を始め、さまざまな場所で、そのようなお声をいただくことも増えてきました。

単に協会の部会長という肩書だけでなく、「荒木は、こういう活動をしている人なんだな」「このような取り組みに関心がある人なんだな」と周知されることで、それが会社のカラーにもなっていくものなのです。

前を行くモノ、人からヒントをもらい、変化する

私も時折、東京へ来てセミナーや研修を受けています。

なぜ東京かというと、やはり地方よりはビジネスほか様々なことへの考え方が先進的な人たちが集まる場だからです。

東京はさまざまな目的や夢を持った人たちが集まる、まさにエネルギーのるつぼ。考えも情報も、必然的に研ぎ澄まされていきますので、私にとってはもはや欠かせない情報吸収のためのフィールドなのです。

そんな東京でヒントを得て、ちょっとした変化を取り入れました。

そのヒントをいただいたのはホームページを作るためのセミナーで、そこで「人の信頼を得るには、心理学的にブルーがいい」ということを学んだのです。

そこで早速、社員の制服をブルーにしたのですが、私自身はいつもスーツを着ていることもあって、白いワイシャツを着ていたので、うまくその知識を活かせ

ていませんでした。

ところが、たまたま知り合った方がブルーのシャツを着ているのを見て、色つきのシャツもいいじゃないかと、そう思って、試しに自分のワイシャツのカラーをブルーにする、という試みをしてみたのです。

「そんなの、別に変化でもなんでもなく、ちょっと気分転換したようなものじゃない？」

そう思われるかもしれませんね。

確かに、東京のビジネスパーソンの間では、カラー付きのワイシャツなどごく当たり前のものでしょう。ブルーだけでなく、ブラックやイエローや、業界によってはパステルピンクやゴールドといった派手なシャツを着る人もいます。

しかし、地方では、たとえ薄い色であっても、カラー入りのワイシャツはいまだに異端《いたん》の目で見られがちだったりもします。

「清潔感を感じさせる白いワイシャツをパリッと着なければ、相手にも失礼だ」

そんな声も根強くあったりするのです。

そんな中で、ブルーのシャツにするというのは、私の中では大きな冒険でした。

しかし実は、このシャツ、ファミレス等の制服とかで使われているようなもので、1500円くらいで買えてしまうのです。そういう意味では、リスクはほとんどありません。

また、このブルーのシャツを着てみて、初めてわかったのですが、実はこんなメリットもあったのです。

富山でブルーのシャツでスーツを着て飲み屋さんに行くと、最初怖いチンピラ、というイメージをもたれるのです。

しかし、ちょっと普通にしゃべるだけで、「あれ、すごく優しくて喋りやすい人なんですね」と、最初のイメージが低いところから入っていくので、好感度が上がりやすいのです。

そんなところから、ブルーのシャツもいいんじゃないですか、と何人もの方からお褒めいただきました。

また、そのシャツで銀行に行ったら、いつもの担当者に驚かれました。

「社長、どうしたんですか、何があったんですか」

と仰天して尋ねてくるんです。

「いやね、社員の制服を青にしたから、社長も同じ色で一体感を出そうと思ってね」

そのように理由を説明したのですが、最初はやはり見慣れないせいか、相手もどうもぎこちない。

でも、時間が経つと「案外、カラーシャツもいいものですね」となじんでくるから人というものはおもしろいものです。

しまいには、

「社長、案外カラーシャツ似合いますね。社長がされるのであれば、管理者も皆、そういうふうにされたらいかがですか?」

なんて、自分の思ってもいなかった提案をしてもらえたりもしたのです。

これは、現在社内で前向きに検討しているところです。

誠意を持って交渉することで運送料も変化する

私が社長就任2年目からは、外部ブレーンも招き入れ、取引先への運送料値上げ交渉にも着手しました。運送料が値上げされるということは、取引先の利益が削られるということになります。

これは簡単にはいきませんでした。辛抱強く説得を続ける毎日を繰り返し、少しずつ値上げを達成していったのです。

ある生コンクリートのプラントにお願いに行ったときのことです。

もし値上げを交渉できなければ、その取引先との付き合いは断念せざるを得ない状況でした。売り上げがあげられない取引は、どうしても体力的にできなかったのです。

やはり辛抱強く、また、腹をくって交渉しました。

「どうしても上げてもらわんことには、うちはやっていけんのです。これからも大事にしたい取引先として思っていますので、なんとかお願いできませんでしょうか」

その結果、先方も努力してくださったお蔭で、実質的な値上げを決めることができました。

そのとき、ふとあることに気付きました。

今までは、「値上げ交渉をすることによって、取引を中止されてしまったらどうしよう」ということばかりを気にしていたのです。

大事なことは腹を割って話さなくてはいけません。そこには必ず誠意がつきものです。伝え方のテクニックがどうこうではなく、誠意をもって伝えていくことは何より重要だと気付かされました。

スペシャリストをもっと活かす

人の話を聞いていくと、人の強みも見えてくるし、人のいいところを見つけていくこともできるようになります。

たとえば荒木運輸の経理として長年活躍しているベテランの女性のパートさんは、私より数字に長《た》けています。整備士は私よりメカニックに強いですし、現役のドライバーは私よりも最新の道路事情をよく知っています。

ですから、専門的なことはその人に任せておけばいいわけです。何でも自分でやらなくてはいけないという意識にとらわれてしまうと、時間や労力がいくらあっても足りません。そこを極端に研究しようとするのではなく、任せてしまえばいいのです。人を信用し、人の話を聴くことができると、「外側だけは少し見るけど、中身についてはお任せしますよ」というスタンスへ切り替えられます。

餅は餅屋。専門職に任せるためには、その人が何に強いかを知ることが大事です。そのためには人の話を聴き、自分が素直にその話を受け入れることができる器をつくらなくてはいけません。そのようにしてスペシャリストが集まれば集まるほどに、仕事も早くなるものです。

スペシャリストは、自分に足りないものをもたらしてくれます。

私自身は、もともと人はすぐ信じるほうだったし、人のいいところを見つけたいという気持ちも強かったので、理想と行動が線でつながっていきました。

以前は、給料の計算などお金に関する大切なところは全部自分でやっていました。しかし今では、その辺はどんなふうになっているのかわからないくらい任せ切ってしまっています。試算表等も、作ってもらった中身を教えてもらうだけで、マイナスがあったときに、初めて動きます。

任せるということは、無駄な時間をとられないということです。

その時間を使って、私は社長としてさらに会社が進化するために力を注ぐことができるようになりました。今は特に、会社のＰＲやブランド化に、時間や力を注いでいます。

ただし、最終的に、すべてのことにおいて、自分が社長として責任を取る、という覚悟だけは持っていなくてはなりませんが……。

出会いで人は進化する。だから困ったときはお互い様

スペシャリストに限らず、いろんな人に助けられて生きているんだと実感することがよくあります。

人間には、内と外というものがあると私は考えています。内というのは自分自身、外と言うのは自分以外の第三者のことです。

人間は決して一人だけでは生きていけません。

オギャアと泣いてこの世に生まれた赤ん坊は、お母さんのおっぱいがなくては生きていけません。幼児から学校を出るまでは、保護者の庇護《ひご》のもとで食べさせてもらわなくてはいけません。

社会に出ても、自分が作ったもの、提供できるものを買ってくれる相手がいなければお金は入ってきません。困ったことがあれば友人や家族に相談して解決することもあるでしょう。

ここでいう外、つまり第三者に助けられて生きていくわけなのです。

ですから私は自分の会社が良くなるために助けてくれたところは、自分と共栄して欲しいと願ってやみません。困ったときはお互い様。その精神をずっと続けていきたいのです。

トラック協会の懇親会などでも、私は「何かあったらなんでも言ってください」とよく言います。社交辞令ではなく本心から。なぜならば、懇親会に参加させてもらって、いい刺激を受けられるのは、その人たちが「その場にいてくれるから」です。その人たちからたくさんのヒントをもらっているわけですから。

他にも、銀行からお金を借りる際にも、ただお金を貸してもらった、仕事が成り立つために協力してもらった……というだけでなく、もし銀行に何かがあった場合にはこちらも助け舟をいつでも出せる準備をしておきたい。

人と人との出会いには必ず意味があります。

いい人でも悪い人でも、その人のおかげで自分の何か変わっていくという気持ちがあると、人は大事にしなくてはいけないと考えさせられます。

「ああしろ、こうしろ」から「力を貸して欲しい」というスタンスへ

私が社長になってからは、毎月集まってちゃんと話をしていこうと決めてかかりました。そのための指標になるのが年度計画です。

会社を引き継いだばかりの年は、年度計画も何もありませんから、資金繰り対策を皆で話し合うこともありました。でも、先代がやっていたように、「何とかしろ！」と社員たちだけに負荷をかけることはしたくなかったのです。

むしろ「自分は、力不足なので、皆の力を貸してほしい」というスタンスで、私自身は社員たちの環境づくりに重点を置いて話をしていました。

今も、基本的なスタンスは変わりません。しかし、社長があまりにも力不足だと言い切ってしまうと、それはそれで「この社長で大丈夫か？」と心配もされます。

その部分は、面談等でもそうですし、普段から出来る限り社員とコミュニケーションを取るようにし、そうやって出てきた社員からの提案をすぐに形にしていったり、要望に応えたりすることで、社長としてしっかりしたところを見せるよう

にしています。

社員への向き合い方が変わると、彼らもしぶしぶ仕事をするようなことがなくなりますので、「いい仕事をしたい」「世間の役に立ちたい」という高い意識が持てるようになります。そこからお客さんに対して気持ちのいい仕事ができるように、少しずつ変わっていきました。

例えば、

「うちの工場に来たドライバーさんが、汚れているところを掃除してくれてね」

「ドライバーさんから、やりやすい積み込みのやり方を提案してもらったおかげで、仕事がスムーズに行くようになったよ」

「空き時間に、工場の仕事を手伝ってくれて助かったよ」

などという声を荷主さんからいただけるようになりました。

また、荷主さんから、「この人でおねがいします」という指名が入るようになってきました。

社長として、取り組んできたことが間違っていなかったんだな、と本当に嬉しく思います。

新しいトラックで気持ちも変化する

人間の心理というのはおもしろいもので、自分では意識しなくても、環境に応じて行動が自然と変わるということが実際にあるようです。

ニューヨークのとある駅でこのようなことがあったそうです。

それまでは、あまり清掃も徹底されず、どちらかというと汚い雰囲気だったその駅では、犯罪発生率の高さに頭を痛めていました。

その対策として、一度駅を徹底的にきれいにしてみたそうです。するときれいなものを汚すのは忍びないと考えるせいか、犯罪が減ったということでした。

たしかに、公衆トイレでも、きれいなトイレに入ると、

「汚すのはまずいな。丁寧に使わなくてはいけないないな」

という意識になりますよね。

実は車でも同様で、他社の事例でこんなことがありました。

型の古いトラックに乗っている、あるドライバーの態度がとても悪く、その会社では問題になっていて、トラックを新しくするような時期でも彼だけは新車には乗せないようにしていたようです。

しかし、あるとき、どうしても車の用途的に車を変えなければいけなくなり、そのドライバーにも新車があてがわれたのです。

するとどうでしょう、すごく車を大事にするようになり、素行もよくなったのです。

人間は環境によって左右される要素が多い生き物です。きれいな水の近くだと、人格もよくなっていき、汚い水のそばだとすさんでいきます。

我が社でも、皆、新車があたれば、車を綺麗に維持するように心がけますし、車を傷つけたくない意識が高くなりますから、運転の雑な部分が減って、事故も若干減っています。

たとえば、古い車だったら、上のほうに小枝が出ていて、そのまま走ると少し擦ってしまいそうだなと思ったとしても、そのくらいだったらいいか、と気にせずに走ってしまいますが、新しい車だと皆、それを避けて走るのです。

そんなこともあって、荒木運輸でも、今後は入れ替えるトラックの台数を増やしていこうと計画をしています。

第2章　コミュニケーションを変えていく

家庭のことを話題にして本音を引き出す

私は社員とよく会話をするタイプの社長だと思います。面談や会議などのほかにも、できるだけ多くの社員と話をするようにします。

もちろん仕事に関する意思伝達については、管理職を飛び越えて指示を出したり、相談に乗ってしまってはいけませんが、コミュニケーションという点で極力、人との接点を増やしているのです。

社員たちとの会話の中では、最近は会社や仕事のことばかりではなく、家庭のこと、夫婦のことも含めて話をするようにしています。

「お子さん、今度小学校入学だって？　もう制服はあつらえた？」

「なんか元気がないな。奥さんに怒られた？」

「こないだ休みに釣りに行ったんだって？　大漁やった？」

そんなさりげない会話が重なることで、実は信頼というものは強くなっていくものです。

私が社長になったころは、私と社員の会話の割合は9対1くらいで、ほとんど私が話をしていたのですが、今は6対4くらいになっていると思います。

社員の感じも、前は私と話をするときには、社長だ、ということで身構えたりすることが多かったのですが、今は雰囲気がよくなって、気軽に喋ってくれるようになりました。

本音としては、社員がもっと話をしてくれるようになって、会話の割合を4対6くらいにしたいと思っています。


そのために、今後取り組んでいきたいことがいくつかあります。

例えば、点呼のときに、

「今日は奥さんの誕生日やね」

と言って花を出してあげたりすると、違ってくるかなと思いますし、

「お子さんの誕生日やね、早く帰ってやらな」

と、ちゃんとお子さんの誕生日を把握し、こういった配慮をして社員に声掛け

をする、というようなことを始めていきます。

順調に私が話す量が減ってきていた中で、若干ではありますが、私の話す分量が、また増えてしまった時期がありました。

私が話す内容が増えるということは、社員が何か不満を持っているため口数が少なくなっているということの裏返しだったのかもしれません。人間、腹の中にイチモツある状態では、饒舌《じょうぜつ》になることはなかなかできません。

そういった会話で話す量がリトマス紙となって、社員の気持ちがわかる場合も往々にしてありますし、実際に言葉で伝えてもらうことで社員の気持ちや、そのときの状態がわかることもたくさんあります。

ですから、どんどん吐き出せるような会話を心がけ、、皆の本音を引き出してあげたいですね。

コメント大賞で改善点を浮き彫りに！

全社的に力を入れている、具体的な業務改善施策のひとつに、燃費記録表があります。

これは、その日にどれだけの燃費で走ったかを記録し、燃料コストを正しく管理する目的のものですが、私はそこにもうひとつ目的をもって「コメント欄」を設置しました。

「燃費についてでもいいですし、その日の仕事のことについてでもいいです。何か一言コメントを書いてください」ということで空欄を設けているのです。

よく日報で何か思うことを書いてもらう企業があると思いますが、それと似たようなものですね。

ただし、荒木運輸の場合、そのコメント欄は極めて重要視されています。もしコメントを書いていなければ、上長から「なんでコメントを書いていないんだ？」と確認が入るのです。

なぜそこまでコメントにこだわるかというと、ひとつはコメントそのものから問題点を知ることができるということ。もうひとつは、コメントの文面、分量、文字の大きさ、乱雑さなどから、社員の心境を推測することができるからです。言うなれば、毎日の心の健康診断をそこでしているようなものです。もっとも私たちはカウンセラーではありませんので、わかる範囲はかぎられますが。

このコメントですが、班長クラスになると、やはりリーダーとしての意識があるからか、とてもいいコメントを書いてきて、会社としてもさまざまな発見に恵まれていくのです。

しかし、いざコメントを書けと言われても、人によって難易度が違います。自分の言いたいことをどんどん言える性格だったり、文章を比較的書きなれている人は書きやすいのですが、一方で、かなり苦戦する社員もいます。

そこで、私はコメント大賞という制度を設けました。要するに、会社にとって有意義なコメントや発見をもたらしてくれたら、表彰するとともに景品（だいたいが商品券ですね）を渡すという仕組みです。

実はこのコメント大賞、言い出しっぺは私ではなく、社員です。「せっかくだから、コメントを書きたくなるような評価制度がほしい」ということで、それも一理あると考えて設立したわけです。

もっとも、このコメント大賞には賛否両論、かなり極端にありました。「賞があるほうがモチベーションがあがって書く気になる」という意見もあれば、「会社のことをよくするのに、ご褒美がなければできないとはけしからん」という意見もあります。

私としては、賞をもらいたいからコメントを書くというのでもいいと思っています。書こうと考えるだけで、そういうことに対する意識や行動が変わるのです。実際に荒木運輸でもネタを探すために、いい言葉だったり、どこかの標語等を意識してみたりする人も出てきています。

そうやってモチベーションを高めるのはいいのですが、こうしたコメントも一方的にもらうだけでは味気がありません。何より一方通行だと、コミュニケーションになりません。

そこで私自身がコメントに対して、私なりのコメントを返すのですが、これもなかなか大変です。毎月、全員分のものに目を通して、すべて返していくと、だいたい2~3時間はかかってしまうのです。

しかし、必ずきちんと返事を書こうと決め、制度を導入してからはそれを怠ったことはありません。

私のコメントの内容は、社員たちが書いてきたコメントに対して、褒めたり、アドバイスしたり、感謝したりと、感情の温度感がわかるようにしています。いいコメントばかりではなく、中には辛辣《しんらつ》な意見もあったりします。しかし、それらに対しても、その気持ちをきちんと汲《く》んだ形で対応するように心がけているのです。

また特に、運送業で最も気を付けなくてはいけないリスクヘッジの部分について言及してきたコメントについては、高く評価し、真剣に吟味《ぎんみ》します。問題が指摘された部分については、管理職だけに任せず、後でその社員を私のところへ呼んで事情を聞いたりもしています。

たかがコメント、されどコメント。小さな情報でも、拾い集めると、具体的な問題点が浮き彫りになってきますので、侮《あなど》ることはできません。

燃費記録表のコメント欄で得た情報は、基本的にすべて私の元へと届きますが、それは彼らの上司である管理職の面々とも共有します。

管理職と相談したうえで、個別面談でフィードバックし、会社としてどのように取り組むかの返答をしていくこともあります。また全体会議で報告することもあります。

会社として、それだけ各個人のコメント、生の声を重要視しているのです。

したがって、コメント欄に何も書かない状態で提出しないよう、強く指導しています。もしも本当に何もない場合は、「特になし」だけでも書き込むように、そこだけは追及の手をゆるめません。書いていない場合は、「どうして書いていないんだ?」と問いただすこともあります。

それだけ厳しくするのには、れっきとした理由があるのです。

運送業は、常に交通事故のリスクを背負っている仕事です。日々のちょっとした小さな気持ちの緩みが、どんな大きな事故を招くかわかりません。

私の経験上、大部分の事故は「大丈夫だろう」「なんとかなるだろう」という手抜きの精神状態になったときに生まれています。

「後方確認をしなかった」「トラックから降りて100%安全確認をしなかった」など、緊張感の欠如が事故を招くことが多いのです。

ですから、たかが「コメント欄へコメントする」という小さなことではありますが、そういった小さなことでも手を抜かない、気持ちを緩ませないというスタンスを徹底することで、「トラックを運転する」ということに関しても、事故を未然に防ぐための注意力、緊張感を維持する狙いがあるのです。

面談で社員とのコミュニケーションを育む

私が手掛けた改革の重要なものに、個人面談があります。

荒木運輸では半期に一度、社長と各社員が1対1で話し合いの場を持つ個人面談のシステムを導入しています。その場には彼らの上司となる中間管理職はいません。まさに腹を割った話し合いです。

場合によってはひとり1時間近くかける場合もありますから、全体で約2週間はみっちりと取り組まなくてはいけません。私のスケジュール確保もかなり大変です。

また、この期間が一年の中でも一番エネルギーを必要とする期間で、毎日、その日の面談が終わるとくたくたになってしまうほどです。

時間はひとり約10分から1時間程度で、人によってバラバラです。特に時間制限を設けているわけではありませんが、おおよその場合、1時間を超えることはありません。

10分や15分といった短い時間で面談が終わる場合は、仕事に対して本人も会社も問題を感じていない人です。つまりよくやれている人ですね。会社の意向を納得してもらう必要がないので、できているところを褒めて、雑談的に近況報告をして終わります。

時間が長く1時間近くかかってしまう人は、やはり会社としても本人としても問題を抱えてしまっているケースです。

この面談は、人事評価のためというよりも、どちらかというと社員とのコミュニケーションをとることに主眼を置いているのですが、上司からの評価が悪く、本人と話し合いを持って改善すべき点を指摘したうえで改善が見られない場合は、面談の上で辞めていただくこともあります。

また退職まで崖っぷちであることをうながして、奮起のためにどうしたらいいか、共に考えるというケースもあります。

このときのやり方が、人を指導していくうえで一番難しいと私は感じています。

ある年の夏の面談でした。

現場から直属の上司に対する不満が出て、管理職の人事を変更したことがありました。聞くにつけ、「それはひどい」と思えることでしたので、その管理職と話し合いを持ったのです。

しかし、結論だけを言えば、その後、本人の反省や再起は見られず、残念ながら私も相手も不本意な形で辞めてしまったということがありました。

私はこのことが、今でも悔やまれます。なぜ、再起できなかったのか。させてあげられる術《すべ》はほかになかっただろうか。

人間、他人の人生を縛ることはできません。社員には社員の人生があります。そこを会社が、がんじがらめにしてしまうのはおかしいと私は常日頃思っています。

もしも社員を会社から送り出さなくてはならないとき、私は笑って送り出してあげたい。同じ業界で活躍するにせよ、違った業界に行くにせよ、荒木運輸という会社で培ってきたものを財産にして、ぜひ活かしてほしいと思うのです。

ですから、社員が退社を考えるときは、とことん話し合います。しかも一度きり、長丁場で話すのではなく、回数を分けて、気持ちの変化を見ながら、話し合いを重ねます。

1回目は、まず相手が思っていることを聞き、自分が思っていることを吐きだします。2回目は、前の話を受けてお互いに考えたことを、腹を割って話し合います。そして3回目になると、相手が決断したことを尊重し、応援するために話し合います。

ほとんどの場合は、このような形で全部で3回話し合いを持つのですが、そうやって話していくことで、一度きりでは見えてこない本音といいますか、相手が思っている心の底からの声が浮かび上がってくるのです。

それは私自身も同様です。

「人を束縛したくない」という理由を付けて、まともに話もせず、退職を簡単に受理することは楽でいいでしょう。しかしそこで相手も自分も会社も、得るものはありません。本当のことがわからないままの別れになってしまうからです。

わがままな人は、すぐに文句を言ってくれるからわかりやすいものです。でも、性格のいい人、気立てのいい人ほど、なかなか本音を言いません。我慢して溜めこんでしまうのですね。

ですから、本音を言ってしまったときは、もう後戻りはできない状況になってしまうというケースもあります。

人から話を引き出すための方法は、世の中に数多くの本が出ていますし、さまざまな方法があります。

ですからここで私のやり方を書くことはしませんが、やはり早めに本音を引き出せるように面談の手法も改善し続けなくてはいけません。

ひとつだけ言えるのは、しゃべってほしいからといって、こちらが畳みかけるようにしゃべるのは禁じ手です。早くその場の雰囲気に相手を慣れさせることが一番でしょう。

とことん話せば、会社は離れても絆は消えません。また再び会社に戻ってくることもあるでしょうし、外から支援してくれたり取引先になってくれることもあるでしょう。

会社にとって人が財産とはよく言いますが、会社に社員としていてくれる間だけが財産ではありません。会社の外に出ても、その人がずっと財産でいてくれるためにはどうしたらいいか。

答えはひとつですね。

話さないと、何も始まらないのです。

個人面談というくらいですから、1対1で話し合うのが基本ですが、実はこれをうまくいかせるための秘訣があります。

それは第三者を筆記係として、その場に置いておくことです。

荒木運輸の場合は、常務である弟が補佐役としてその役割を担ってくれています。

自分が信頼できる第三者が、客観的にその場を見てくれるというのは、本当に安心感があるものです。

先に書いたように、面談ではお互いにとことん本音をぶつけあいますから、感情がたかぶることもあります。

そういう場合、雰囲気が変わってきたことを察知した彼がブレーキをかけてくれたり、アドバイスをくれることもあります。そのようなバランスの下で話すからこそ、思い切り話せるということもあるのです。

この筆記係は、基本的には対談に介入してきません。筆記するだけの立場でいるわけですから、社員も気になりません。これが最初から口を出すような状況だと、社長と常務というトップのふたりから迫られることになるので、むしろ本音が言えるはずもありません。

また、当人同士は話し合うことに集中し、必死になるわけですから、あとで会話の内容を掘り返すためには、自分でメモを取るよりも、専任の筆記係がいたほうが正確で客観的な記録になります。

荒木運輸名物・個人面談を開催して長くなりますが、最初のうちにはいくつかの修正もありました。

大きな気付きだったのが、面談をする順番です。

当初は管理職から順次、階級を下るように面談をしていったのですが、そこで大きな過ちに気付きました。

「運転手たちから言われたことを、管理職に伝えられないじゃないか」

管理職を先にすませてしまうと、肝心の第一線で活躍する人たちの声を伝える機会を、もう一度管理職側とともに作らなくてはいけなくなります。二度手間ですし、管理職の貴重な就業時間をいたずらに奪ってしまうことにもなりかねません。

現場から不平不満が出る。それを聞く。自分なりに消化し、管理職とともにどう改善したらいいかを話し合う。

必要に応じて、面談後には意見を参考に、社内の改革に着手します。場合によっては社内人事を一気に変えてしまうこともあります。

そうした大胆な策が打てる情報を集めるために、面談の順番は大変重要になってきます。

その順番を間違えてはいけないと気づかされたのです。

ラグビーのワールドカップで、日本代表が強豪・南アフリカを劇的に下してから、一気にラグビーブームが訪れました。

そんな中、大学ラグビーで屈指の強豪校と言われている帝京大学ラグビー部が、おもしろい試みをやっていることがわかりました。

監督やコーチが話したことを、先輩ふたりが後輩ひとりに対して確認を取る「3人トーク」というものをよく行うようです。

確実な意思疎通によって、チームワークが培《つちか》われ、今や大学ラグビーでは敵なしと言われるほどの強さを誇る帝京大学。その強さの一端に、こうした工夫が一役買っているのです。

順番ということで言えば、荒木運輸も個別の面談の前に安全会議というものを行っています。安全会議で全社で話し合い、決めてきたことを、個人面談で理解できているかどうかチェックする。これも、順番を利用した個人面談の目的の一つです。

もっとも、うまくいく場合といかない場合がありますが、何年も伝統として重ねて、帝京大のような強さを作り出す一つのツールにできればと考えています。

コミュニケーションのカンフル剤としてのソフトボール部

3年前に会社にソフトボール部ができました。

それによって、社員間のコミュニケーションが、以前よりも親密になったように感じます。

元々野球少年だった私ですから、ソフトボール部ができることに異論はありませんでした。野球が好きなのは今も昔も変わりませんから。

ある社員ドライバーが、射水《いみず》市の大会の案内を持ってきて、「社長、こういう大会があるんですけど、ウチも出ませんか？　チーム作りましょうよ」と言い出したのがきっかけでした。

私は即答でOKし、「それならユニフォームは会社で作ろう」と、本腰を入れることにしたのです。

それまでも、寄せ集めのチームで勤労者ソフトボール大会などに出場したことはありました。少年野球監督では飽き足らず、父は社員の中でも野球が好きな人を集めて大会に出ていたのです。

実際、そのチームはそれなりに力があり、合併前の新湊市だったころに市が主催した大会で優勝を飾るなど好成績もおさめていました。

もっとも、経費で打ち上げ代を出していたりと、会社の資金が多少使われていたので、問題もなくはなかったのですが……それはまた別の話。

私自身、クラブ活動とはいえ本格的なチームができるのは嬉しいことでした。なにせチームとして時間を決め、同じ場所、同じ時間に人が集まるわけです。試合ともなれば、チームに所属していない社員も、有志で応援に駆け付けてくれたりもします。

つまり、普段顔を合わせる機会が少なくても、そこで顔を合わせることができるわけです。会社の中での人間関係を希薄にさせないためにも、コミュニケーションのカンフル剤は必要ですから、荒木運輸の場合はソフトボール部がうまくその役割を果たしてくれると私は考えています。

ただ、長距離輸送をやっていると、どうしても平日勤務だけではまかなえなくなります。状況によっては、業務が週末にかかってしまうこともありますので、人集めは大変です。

でも、社員数がそんなにいるわけではない中で、自分たちでチームを作る力があるのは、結束力が高まっている証拠。そういう兆《きざ》しを、会社の中で見つけるのも社長の大事な仕事のひとつですね。

私も、極力ソフトボール部の練習には出るようにしています。休日の試合ともなると子供向けの地域活動などと重なることも少なくありませんので、すべてに出席するというのは、なかなか難しいのですが、できるだけプレイボールとゲームセットの瞬間には立ち会いたい。そこで社員たちが和気あいあいと話をしている姿を見たいのです。

余談になりますが、ソフトボール部には、会社を辞めた運転手も数名参加しています。独立や転職を問わず、会社を辞めて次のステージに行くのは人生の選択のひとつです。

昔の職場の集まりに顔を出してくれるというのは、その会社が好きでなければできないことだと私は思います。だから、彼らの気持ちがとても嬉しいのです。

独立しても、転職しても同じ業界の仲間です。どこでどんなつながりになるかはわからない。またうちが仕事をもらうこともありますし、仕事を出すことだって出てくるでしょう。たとえ会社を辞め、職場を離れてしまおうとも、そういう関係性を続けられる会社だと、今いる社員も、会社のことをもっと好きになってくれるはずです。

私は、荒木運輸という会社を社員に好きになってもらうためだけに、仕事をしている。

そう思うことすらあるのです。

家庭訪問やボウリング大会で、家族ぐるみで支え合える会社を

これはまだ実際にできているわけではないので、まだひとつの施策案というレベルなのですが、いずれは家庭訪問もやってみたいと思っています。

小学校のとき、担任の先生が家庭を訪れ、親御さんと面談をしていた、あの家庭訪問です。もっとも社員たちはいい大人ですので、結婚している方であれば、奥さん（旦那さん）やお子さんとの面談になるでしょう。

小さいお子さんがいるお宅ならば、クリスマスあたりにサンタクロースの格好をしてお菓子でも持っていったらどうかと考えているのです。

要するに、家族全員が会社のことを好きになってくれるような、そんな会社にしたいのです。

今のご時世、いつどこでどんな不況がやってくるかわかりません。大きな危機が来ないとはだれにも言い切れないでしょう。

もしかしたら（あってはならないことですが）、社員への給料が1ヵ月、2ヵ月、遅れてしまうような不測の事態が発生してしまうかもしれません。

でも、そのように家族ぐるみで会社を理解しておけば、いざというとき皆で一緒に踏ん張ることができるのです。社員だって、「そんな会社にいつまでもいないほうがいい」などとは思われないでしょう。

むしろ、家族の理解を進めることによって「今は払えないかもしれないけど、あの社長さんなら必ず元通りにしてくれる」という信頼も得られるのではないかと思うのです。

社員が「今日は仕事めんどくさいから休みたい」と思ったとしても、奥さんが「ちゃんと行かないとダメでしょ！　社長さんを困らせるんじゃないよ！」と叱咤激励をして社員の背中を押してくれるような、そんな会社が私の理想なのです。

この家庭訪問から、ピンチのときもチャンスのときも家族ぐるみで支えあえる会社づくりを本格化させるつもりです。

また、社員たちが家族サービスをできるように、家族参加型のボウリング大会なども開催する予定でいます。

実は昔はよくやっていたのです。

父が現役のころは、お年寄りも参加できるような地域のイベントに積極的にかかわっていました。社員の家族でなくても、地元に溶け込んでいたのです。

たとえば誰かが、瓶入りのファンタを飲んでいたときも、「それはお祭りのときじゃないと飲めなかったな」など、ちょっとしたことで話に花が咲く光景がよく見られたものです。

父は、私だけでなく近所の子どもたちでも、悪いことをすると遠慮なく叱っていました。「荒木のところのおじさん、怖い」なんて言われることもありました。

今から思えば、創業者というのは、単に会社を大きくするとか、利益を生み出すとか、それだけで会社を興《おこ》していたわけではないように思います。

昔からの近所付き合いは、人情があって、地域できちんと大人が子供を育てていくものでした。

醤油がきれたら、隣に借りに行くこともあれば、もらいものをすればおすそ分けをする。今みたいに24時間営業のスーパーやコンビニなどありませんでしたから、必然的に地元でのつながりが深まり、その地元のために何かをしたくなる。

それが事業として、経営者の営む形になっていったのではないかと思うのです。

そう考えると、人と人とのつながりの中で会社づくりは作りこまれるべきなのでしょう。

いろんな施策をするにしても、やはり人ありき。

自分の周囲の人すべてを大事にできる施策こそが良策なのです。

第3章　変化し続ける思考術

聴くことで変わる

私は高校生まで、成績が悪く学年でもビリに近いポジションが指定席になっていました。そんな私が社長をやっているわけですから、本当に世の中わからないものです。人間、学校の成績だけで人生は語れないと、本当に思います。

個人的に、今の世の中を生き抜いていくうえで、本当に必要な能力とは、変化する能力だと考えています。ダーウィンの進化論ではありませんが、人間は時と場合に応じて変化を受け入れ、進化してきたからこそ今の文明があるわけです。

こだわりを持つことはいい。強い意志やポリシーも大事です。しかし、頑固一徹だけではやっていけない世の中になっていると考えているのです。

社長でも大臣でも博士でも、人間は変われるものです。喋れなくても、学がなくても、酒が飲めなくても変わることはできるのです。

そんな変化において、とても重要なのは、人の話を聴くことだと私は信じて疑いません。

人の話を聴いていると、いろんな情報が同時に飛び込んでくることになります。話している内容はもちろん、相手の表情、間、声の強弱などさまざまな要因がインプットされますので、自分の中でも整理が付けやすいのです。

自分が素直に感動したことは、さっそく実践してみますし、実践を重ねることによって、良い変化が起きるという好循環も生まれます。

さらに、聴いて、メモして、アウトプットする。それを繰り返すだけで、自分自身に驚くほどの変化が見られるのです。

ブログに落とし込むと、ブログの読者にも刺激を伝播させることができます。社員への訓示などで話をすることもできます。会話を盛り上げたり、相手に発見をもたらすことによって、相手の秘蔵の情報を得られたりもします。

これが銀行の融資担当者などであれば、知的な社長のイメージを持ってもらいやすいですし、管理者や班長などが相手ならば、自分の考えをより現場で実践してもらいやすくなるわけです。

さらに、アウトプットはコミュニケーションのきっかけにもなりますので、本当に大切です。しかも、インプットとアウトプットとのルート上には、自分というフィルターが必ず存在しますから、アウトプットすることで、それが自分の血肉にもなります。いいことづくしなのです。

話を聴いて、理解して、伝えていく。そのプロセスの中で自分の中にどのような意識が芽生えてくるか。どのような気づきがあるのか。その気付きにどのような感動を受けるのか。それらが変化の種であるのです。

ある社長の講演を聴いていて、ふと思ったことがありました。

あるとき、その会社にクレームが入ったそうです。人間誰でも人から文句を言われると愉快な気分にはならないでしょう。むしろ「そんなことを言うなら、この人ともう付き合わなくていいや」とすら思ってしまうかもしれません。

しかし、その社長は、それをクレームという処理にすることを潔《いさぎよ》しとしませんでした。

「うちの会社をよくするために言ってくれた」

そう受け取れるかどうかが大事だと説かれていたのです。

自分の会社をよくするための要因として、表現はともかく、伝えるというアクションを起こしてくれた。それがとても嬉しかった、と。改めてその考え方に触れて、感銘を受けたことを覚えています。

多くの経営者はお客様からのお言葉を、ひとつの金言として受け取るでしょう。会社にとって厳しいご意見であっても、それは会社をよくするための貴重な情報です。

会社でも人間でも、何も言わないで去ってしまう場合、そこには気づきはありません。しかし、一言でも何か言ってくれたら、改善する余地が出てくる。

そしてそれが事件なのか何なのか、そのことによって何がどう変わっていったのか。そこを分析できる客観的視点を持つのは社長として大事なことです。

私はこの話を聴いたとき、自社に置き換えて、社員たちの意識をどう変えていけるかと考えました。

そこで生まれたのは、まず人の話を聴く環境を生み出さなくてはいけないということでした。先代はワンマン経営者の面が強く、人の意見に耳を貸すことはあまりありませんでした。幹部や社員たちも、言っても何も変わらないとわかれば言葉は少なくなっていくものです。

私は、父の失敗（私から見て、決して成功と言えなかった部分）を、会社の栄養としなくてはいけないと考えてきました。その第一が、人の話を聴きながら調和していくことだったのです。

人の話を素直に聴くこと。
人の意見に耳を傾けること。
ここに意識が向いたのは、先代であった父の弱点だったところを反面教師にしたところもありますが、おそらく私自身の闇の部分に起因します。

私は、物心ついたばかりのころから決して気が強いタイプではありませんでした。わんぱくではありましたし、ガキ大将でもありましたが、それは気が強く腕っぷしが強かったというわけではありません。ジャイアンではなかったのです。

どちらかというと、自分の好奇心に歯止めをきかせず、のびのびとしていただけ。

実際には、気が弱い部分もあったように思います。

自分があまり強くモノを言えるタイプではないと思っていましたので、人の話を聴いてウンウンとうなずいていただけのこともよくありました。

そのときは、その話に対して何か言えるほどの自信がありませんでしたから、聴くという作業だけに徹していたところもあります。

最初は自信がなかったから聴くだけになっていたとも思えます。でも、実はそれならそれでいい。

「聴いた」「受けた」というリアクションそのものが人の心に響くこともある。

それを自分の身をもって経験したのです。

伝えることで変わる

人からの話を聴くことと同様に、自分自身の考えを「伝える」ということも大事にしています。

これも実は私個人が過去、決して得意とは言えないことでした。父のせいにするわけではありませんが、人に何かを伝えて、そこで軋轢《あつれき》が生まれるような「失敗」が気になってしまっていたからです。

しかし、社長になったらそんなことばかりも言っていられません。豪快で我が道を行く父は、社員に対する訓示なども一方的なものが目立ちましたが（そうではないものも、もちろんありましたよ）、社員たちの役に立つ訓示をしようと考えると、その場の気分でしゃべるわけにもいきません。

何か心に残るもの、引っ掛かりを持ってもらえるものを提供したいと考えるようになっていきます。しかも誰でも知っているようなことではなく、オリジナリティの高いものを仕入れたい。

その意識は自分にとってもプラスに働くようになります。

「さて、今回は社員たちに向けて何をしゃべろうか？」

そういう意識を常に持っておくと、アンテナも高くなりますし、常に話題探しを意識するようになる。今まで流してしまっていた情報も、ふと目についてきたりします。

おかげさまで、ありがたいことに、最近は子供のＰＴＡやトラック協会、地域の活動など、さまざまな場所で自分の体験談や、考え方を講師としてお話させていただく機会が多くなりました。

内容はさまざまですが、その根底に流れているものは私自身のテーマでもある、「今、自分にとって学ぶ必要のあることが目の前にやってきている」ということです。

人生、いいこともあれば、悪いこともあります。「ちくしょう」と歯ぎしりし、涙をながすような悔しいこともあれば、天にも昇るような幸せを感じることだってあります。

そのすべてが、私自身の人生の課題をこなすために起こってくれていることであり、だからこそ、今、私はそのことに対して何か考え、発見し、新しい自分（成長した自分）になっていかなければいけないのだと思っているのです。

私は高校まで野球をしていまして、高校時代に県でベスト4まで行きました。残念ながら甲子園出場の夢は叶いませんでしたが、野球をしていたおかげで学ぶことができたさまざまな糧《かて》があります。

大学の入試では、推薦入試だったにも関わらず、一度落ちてしまい、浪人してもう一度推薦入試で合格できました。浪人時代には予備校にも通いましたが、ほとんどついていけませんでした。でも何とかなりました。それも糧です。

どんな経験でも、私の人生である以上、私の考え方やポリシーを形成してきた大事な糧。それを、ひとたび講師としてお話すれば、人が何かを学んでくれるわけです。だからこそ、一生懸命お話したいと思うのです。

同じように私が人の話を聴く機会に恵まれたということは、きっとそこから人生の何かを学び取れ、というお知らせだと思っていますので、それはもう必死で聴き、そこから必ず何かを学び取り、そこから私の人生、あるいは周りの人の人生に少しでも、よい変化をおこさなければ、と考えています。

ですから、セミナーなどに行ったら、まず一番前の席に座ります。講師の感覚を一番感じられる席で、話し手が迷惑するのではないかと思うくらい、ものすごくうなずきながら聴いています。

それを見てくれたある講師の方が、「荒木さんは、ものすごくまじめに聞いてくれているのがよくわかる」と褒めて下さり、「だからこそとても話しやすかった」と付け加えてくださいました。

どこかに行ったら何かをもらってこなければいけないという気持ちはとても強くあります。そしてそれを人と共有したり、自分が伝える立場になるときは、何かをもたらさなければいけないと考えています。

そうやって、聴くときも伝えることを意識していることによって、さらに得られるものが増えていくのだと思います。

本物に合わせて自分を磨いていく

「本物」を知らない人があまりにも多いことに驚かされます。

それもそのはず、世の中に「これは本物です」と胸を張って言えるものがだんだんと少なくなってきているからです。

たとえば味噌、醤油、塩にしても、添加物が多く入っているため、本来の姿とは異なる形で市場に出回っています。

真空パックに入れられた味噌は呼吸ができないので生きている味噌ではありませんし、本来醤油は大豆と塩などシンプルな素材でできあがるものですが、ラベルを見ると添加物だらけ。

そんな食べ物を食べていたら、身体にいいわけはありません。

もちろん、流通上の品質保持などの問題をクリアするためには、まったく添加物を使わないと言うことは難しいのでしょう。それでも、人工のものは摂り過ぎないようにするべきだと私は考えています。

あるとき、知り合いが「味噌を変えて体調がよくなった」と話してくれました。体調がよくなっていくと、毎日に不安がなくなりますし、そうなると生活が楽しくなります。生活が楽しくなれば、何をするにも前向きになれますし、自信も芽生えやすいでしょう。

本物を知っている人は、生き方だったり、人生に向き合う姿勢が違っているとすら思います。

本物の定義は何かと言われると、人それぞれ答えをお持ちでしょうが、少なくとも私は余計な不純物のない、「本来あるべき姿のもの」と考えています。

たとえば、財界人でひとかどの成功をおさめた方や、注目度の高いセミナー講師の方などを見ていると、やはり一流の服装をし、一流のものを買っています。

一流のものを使うようになると、それに合わせて自分を磨かなくてはバランスがよくありません。それに格好だってつきません。モノに人が負けてしまうことになります。

日々の中で自分を磨ける環境を作っておく。

たかが調味料ひとつとっても、そういうこだわりを持ち続けたいものです。

「みんなでやる」という意識

私が野球をはじめたのは、小学校4年生のとき。まさに新湊高校の甲子園出場フィーバーに新湊全体が湧いていたときでした。

当時、わんぱくガキ大将だった私ですが、野球との出会いによって少しずつ大人の階段を上っていくような、精神的に成長していくような、そんな過程を経ていくことができたように思います。

ご存じのとおり、野球は自分ひとりではできないスポーツです。フィールドに立てるのは9人ですが、控えの選手を含め、みんなで勝利を目指して連携していかなくては成り立ちません。

またメンバーがバラバラなことをしていては連携がとれませんから、監督の指示の元、規律を正しながら行動することが求められます。これはサッカーでもバレーボールでも、団体スポーツにおいては当然のことですね。

この団体競技に浸ったことは、やはり私自身の人格形成においてとても重要なことでした。

当時のポジションはキャッチャーやピッチャーなど、チームの中でも要となるポジションや、花形ポジションを任せてもらっていました。北海道日本ハムファイターズの大谷翔平選手が二刀流として話題を集めましたが、私もピッチャーをしながら1番を打つなんてこともやらせていただいていました。もっともセンスで言えば、大谷選手の名前を出すのもおこがましいことですが。

こんなこともあってか、経営者として、私にとっての会社のあり方の原点を考えていくと、やはり野球にたどり着きます。

野球は、礼儀や人との関わり方、助け合いの気持ちなど、「人」というものに深く根差したスポーツです。誰かがミスをしたら、全体でカバーをする。その精神は実に企業のあり方とリンクしていることが多いと、最近特に強く感じています。

会社でも、誰かひとりに問題が起きると、皆でカバーしなくてはいけません。

逆を言えば、皆で仕事をしているからこそ、手が抜けないわけです。そして、ひとりひとりが会社にとって何をもたらすのかを意識しなければ、また経営者として意識させなければ、チームプレーは成り立ちません。

我が子とともに食卓を囲んでいたあるとき、私は子供たちに尋ねたことがあります。

「こうやってご飯を食べられるのは、誰のおかげだと思う？」

子供たちは「お父さんが、がんばってくれているから」と答えました。

父親として、これほどありがたいことはありません。父親冥利に尽きるとはこのことです。しかし、私はそこで子供たちにこう教えました。

「お父さんも、もちろんがんばっているよ。でもね、こうしてご飯が食べられるのは、会社の人が一生懸命働いてくれているからなんだよ。みんなのおかげなんだよ」

人が集まる場所には、いろんな役割が生まれてきます。もちろんその場ではその役割をまっとうすることが大切だと思いますが、一方で、その役割からきっかけをもらって成長していくことも、また人としての大切なことだと私は思います。

私は、思い切って何かをするということが、できない子供でした。しかし、社長という立場に立たせていただき、使命をまっとうしていく中で、「思い切り」という言葉を強く意識するようになりました。

己がこれと思うことに、真実一路、進んでいく。

トラックは、道を進んでいきます。どの道を行こうか、迷っていては発車できません。

この道を進んでいく。

思い切ってそう決めて、アクセルを踏む。

目的地の向こうに、自分が運ぶものを待っている人たちがいる。

だから、思い切って進んでいく。

思い切って、やるべきことをやっていく。

それが、また次につながるきっかけとなって、新しい道を進むことができる。

どこまでも、どこまでも、進んでいけるようになる。

私は、私自身が成長を続けながら、人にきっかけを与えられるような人でありたいと、思っています。いつまでも、笑って死ぬ、その瞬間まで。

思い出が子供の人生に厚みをつけていく

子供のころ、親に「勉強しないと立派な大人になれない」と、脅されるように勉強を促《うなが》された方は少なくないのではないでしょうか。

私も子供がいる立場ですが、誤解を恐れずに言うと、勉強だけが人生ではないと考えています。これは子供が言うとただの言い逃れですが、大人になった今、心から思っていることなのです。

勉強をするかしないかは、子供たち自身の問題です。

親という立場にあるならば、どのような生き方をしていけばいいかをこそ、子供たちに教えてあげなくてはいけないと私は考えています。

同時に、今、子供である彼ら彼女らに、今でしかできない大切な思い出を残してあげること。それが親の役割だと実感しています。

思い出というものは、人と接したときの楽しい記憶がほとんどです。人と接することによって、自分の知らない世界を垣間見て、発見を繰り返し、または失敗を繰り返し、学習していくものでしょう。

もちろん、机上の勉強も大切だとは思いますが、やはり、新しい世界を見て何かを発見したり、失敗をしたりした、その思い出こそが、子供たちの人生に厚みをつけていくのだと、信じてやまないのです。

大人と子供のコミュニケーションは、そのように思い出をつくる共同作業の中でなされるのが理想だと私は思っています。

理由がわかれば自分で判断し行動できる

私の長男は、小学校4年生のときにバスケットを始めました。

私たち夫婦も試合があると、会場に足を運んで声援を送っています。

長男のプレーを見ていたとき、私は、はたと気づきました。「思い切ったプレーができていないんじゃないか？」と。どうも遠慮しがちにプレーしていたのです。

さらに「わからないことがあれば、聞いてこいよ」と監督に言われているにもかかわらず、「はい」も「いいえ」も答えない。リアクションができていなかったのです。

もしかしたら、私たちの教育の仕方が悪かったのか、それともバスケットボールをやる環境の問題なのか、としばらく悩み続けた結果、実はその理由は、毎日のコミュニケーションの過程の中にあったのだ、という結論に到りました。

たとえば長男が何か欲しいものがあったとしましょう。それを欲しいと言ったとき、親である私たちは、今与える必要がないものだと判断したならば「ダメ」

と伝えてきました。

しかし、その「ダメ」に理由をつけてあげられていなかったのです。

「これ食べていい？」

「これ飲んでいい？」

「ここで遊んでもいい？」

そう聞かれたとき、私たち夫婦は、ただ「ダメ」とだけ答えていました。

長男は、その理由がわかっていれば「こういう理由で、してはいけないことだと、前に教わったな」と自分で経験として引き出し、判断をすることができます。

しかし、理由がわからなければ、その都度親に確認しなければいけません。息子は、それが理由で、何でもかんでも親に対してお伺いを立てるようになってしまっていたのです。

これに気付いた私たち夫婦は、危機感を抱き、話し合いをしました。そして何でも「ダメ」の一言で片づけることをやめたのです。そして、長男に何かを聞かれたときは、「思い切りやりなさい、失敗してもいいんだから」。そう伝えることを決めました。

今、私は、父親というものは子供の失敗を補うためだけに存在すると言っても過言ではないと思っています。

長男が、人の顔色をうかがって行動していることに気付いてからは、学校生活や私生活、あらゆることにおいて、とにかく失敗してもいいから思い切ってやれということを伝え続けました。

「いいか。思い切り失敗してこい。失敗したことでお父さんが謝らないといけないことがあっても全然かまわない。もちろん世の中の道や、人の道を外れたことをしたらお父さんも怒るし、尻拭《ぬぐ》いできん。でも、そうじゃないなら、思い切りやってこい。失敗して構わないんだ」

もっとも、何でも思い切りやるには、安全な場所であることが前提条件です。思いきりやったはいいが、誰もフォローしてくれないというのでは、単にケガをしてしまうだけ。

ですから、子供の安全圏を大人が作ってあげて、その中で好奇心に任せて思い切り突っ走れるのが子供の強みです。

大人になればなるほど、「社長だから、そんなことをすべきじゃない」「男だから、そんな考えは持つべきじゃない」「大人とはこうあるべきだ」というような固定概念に縛られがちです。

いろいろなしがらみが、失敗できない雰囲気を作り上げてしまうのです。

でも、私は社員は子どもと同じだと思っています。社長が安全圏を社員に作ってあげることによって、社員は自分でやりたいことを自分で判断し、行動する。そのことによって、会社の中にエネルギーが生まれ、さらに会社が変化・成長していくのです。

私は、子育てと、まだ未熟ながら挑戦している経営を通して、そんなことを学ばせていただいています。

ご縁に育てられている

「もしもの人生」は誰もが一度は考えたことがあるのではないでしょうか？

私も、もちろんあります。

「もし社長になっていなかったら、どうなっていただろう？」

「もしこの場所で生まれ育っていなかったら？」

「もし子供が生まれていなかったら？」

私は、社長として会社を継いでいなかったら、人前で喋《しゃべ》れないサラリーマンで終わっていたでしょう。こうして、本を通して語りかけることもなかったと思います。

生まれ育った場所も富山県の新湊市でなければ……今いる仲間や同級生とめぐり会っていなければ……活動できる場所がなかったら……今のように地域へ根ざす活動もしていなかったでしょう。

つまり、自分の行動は、自分ひとりですべてを決めているというわけではないのです。誰かがいたから、そこに何かがあったからという「おかげさま」の要素があって、その中で自分の行動が決まり、その行動やそのときに考えたことによって、自分の将来が決まっていくのです。

私と長男の関係に限った話をすれば、もし長男がいなかったらＰＴＡの役員はしていないでしょうし、地域の人々と関わることもなかったはずです。長男がバスケットをしていなければ、チームメイトの保護者と知り合うこともありませんでした。

まだまだ親として学ばなくてはいけないことがあるから、彼は私と妻のもとに来てくれたんだと思いますし、弟や妹ができたときも「お前のために来てくれたんだぞ」と長男に伝えてきました。

大人は子供に対してすべてを与えていると思いがちですが、実は、私が地域の人々との関わりやそこから何かを得てきたことや、バスケットのチームメートの保護者の方々から得てきたことは、すべて長男が居てくれたからこそ得ることができたものなのです。

また、長男だけでなく、子供たちが私たちのところに来てくれたからこそ、様々な子育ての苦労を知ることができ、私を育ててくれた両親への感謝の気持ちが芽生えたり、これまでに足らなかったものを教えてもらったりと、与えられていることもかなり多いのです。

もっと言えば、自分が子供に育てられていると言っても過言ではありません。

こうして子供からいただいたものは、彼らが成人して、結婚して、子をなして、私たち夫婦がおじいちゃん、おばあちゃんとして孫の面倒を見ることで、そこで初めて親として、子どもへの恩を返すことができるのだと考えています。

会社で言えば、私はいつも社員に育てられ、そしてお客様に育てられているのです。さらに子供にも育てられていることを思えば、私たちの周囲にはなんと師が多いことでしょうか。

おかげさま。縁とはそういうものなのです。

こまめなメール魔、大歓迎

誤解を恐れずにお話ししますと、私は接待などで連れて行っていただいたクラブやラウンジなど、飲み屋さんのスタッフとよくメールのやりとりをしています。もちろん、浮気などではありませんよ（笑）

ほかにも、社長仲間だったり、トラック協会関係者、セミナー講師など、年齢を問わず広い範囲の皆様とこまめにやりとりしています。

それは、いろいろな人との出逢いを大切にしたいからなのです。

たとえば年上の方とお話をしていると、彼らの昔話になることがよくあります。人の過去の経験談を聴くにつけ、自分の芯はブレていないだろうか、会社のあるべき核は大事にできているだろうかと、自省を促《うなが》すきっかけになったりします。また歴戦を勝ち抜いてきた猛者《もさ》たちと向き合うと、いろいろとアドバイスをいただけることもよくあります。それは心にしみるほど素晴らしい体験になります。

もっとも「この話は今の時代には通用しないな」と、現実目線で咀嚼《そしゃく》することも忘れません。しかしそうした実用の可否を超えて、プラスになっていく教材になることが多いのです。

飲み屋で接待をしてくれるスタッフの方々も、彼女たちにしかわからない価値観を持っています。そうしたことを聴いていくと、視野が広くなっていくのですね。

父は頑固一徹なワンマン社長でしたが、人から聞いたことで響くものがあれば、「これは絶対に実践しなくては」と妄信的になって困ったこともありました。

人や会社によってケースバイケースだからと諭そうとしても、響いた話は受け入れているくせに、こちらの話には耳を傾けません。

いずれにせよ、人の話を鵜呑みにするばかりではいけませんが、まったく聞く耳持たずというのも困りものです。私の代では、話す人の感覚を大事にしてあげて、バランスをとりながら、皆を引っ張っていけるようにしなければ、会社も発展しないだろうと考えています。

そのためには、「まず聴く」「分け隔てなく話をする」という、公平で柔らかな口と耳を備えておかなければなりません。

ちょっとしたメールのやりとりも、つながっていけば大きな実をつけるのです。

相手の立場とは何か

ひとりよがりな失敗をしてしまって、「相手の立場になって考えなさい」と注意を受けたことはないでしょうか？

相手の立場に立つ。

これはなかなか難しいものですが、シンプルに「自分が嫌だと思うことを相手にしない」とか「自分がされて嬉しいことを相手にしてあげる」という考え方に置き換えてもいいと思います。

「こういうことをすると、相手はどう思うだろうか」

そのバロメーターになるものを、すでに自分は持っているのですから。

自社で研修を行っているとき、そういう思いに駆られることがあります。

世間的にもよくある話ですが、講演や研修の会場で、進んで前の席に座る人はなかなかいません。講師と一定の間をとりたいと思うのでしょう。後方や中間あたりの場所を選んで座る方がほとんどです。

しかしこれは講師や演者の立場からすると、実に寂しいことです。私が話すときも思います。

「もっと前に座ってくれたら嬉しいな」

「前の方で一生懸命聞いてくれたら、モチベーションがもっと上がるな」

だから、私はそのような場ではできるだけ前のほうに座り、食い入るように講師を見て、真剣に話を聴くようにしています。

「この先生に少しでもいい話をしてもらいたい。だからモチベーションを高めてほしい」

そう思ったら、必然的に前に座るようになっていくものなのです。

立場が逆になったときにどうするかという意識ができている人は、まだまだ多くはないと感じています。

相手の立場に立った一言が相手を変える

ある研修で、こんな事例がありました。

あなたはパン屋さんに行きました。

「すみません、焼きたての食パンがほしいんですが」

「すみません、焼きたてのものは切らしております」

それでは仕方がないと思い、ほかのパンをレジに持っていき、お金を払って店を出ようとしました。

そのときに、お店の奥の方からコールがかかります。

「焼きたての食パンができました。当店の名物です。みなさまどうぞご賞味ください」

そのときにこのような応対をされたら、どのような気持ちになるか。それがその研修の題材とテーマでした。

さて、実際どういう行動をするでしょうか。

1．今までのパンを払い戻して、やはり目当てであったその食パンを買って帰る。

2．払い戻しが面倒なので、そのパンはあきらめて帰る。

3．追加でそのパンを買って帰る。

判断は人それぞれでしょう。そこに正解、不正解はありません。

この話で一番大切なのは、そのとき、お客さんであるあなたがどのような気持ちになったかということです。

おそらく、どのような行動をしたとしても、「もうすぐ焼き上がるんだったら、それを一言言ってくれたらいいのに」と、まずは思うのではないでしょうか。

この話の中で店員さんがやったことは、マニュアルどおりの接客かもしれませんが、相手のことを考えていない接客であることが明らかです。

もしこのときの店員さんが、

「あと5分で焼き上がりになりますので、お時間がございましたらお待ちいただけますでしょうか?」

と伝えていたらどうでしょう。親切心を感じるのではないでしょうか。

また、そもそもパンによって焼き上がり時間が決まっているのであれば、焼き上がり時間を掲示してあれば、こういうことは起きなかったんじゃないか、とも思うのです。

こういった事例を考えていくことで、自分が仕事をする上で忘れていた何かを思い出したり、何かに気づいたりします。そうやって、少しずつでも改善していけば、周りの人に笑顔になってもらうことができるのです。

さらに、私たちは、いいことをされて気持ちが良くなったことは真似をしてみようと考えるものです。皆がいいことを真似していけば、より多くの人が毎日を気持ちよく暮らしていけるようになります。

たかが一言ではありますが、相手の立場に立って考える重要性がとてもよくわかる研修でした。

自分の周囲はポジティブなものさしで

私は、お付き合いの兼ね合いで飲みに行ったり食べに行ったりすることが多くあります。そういうとき、お店を観察するとおもしろい発見が多々あります。

いいお店ほど、派閥やグループ化というものがありません。お店そのものがひとつになっている感覚を受けます。

逆に、あまり好印象を持てないお店は、どこか人と人との間に壁があり、ぎくしゃくしているように見えます。

この人間関係のありようは、確実にお店、もしくはその集団に出てくるものなのです。

なぜ派閥のようなものができ、人と人との間に壁ができてしまうのか。

その原因となるのは、人の悪いところをあげつらう割合が多くなってしまうことでしょう。

「あの人のここがダメだ」

「あの人はこういうところが嫌い」

ネガティブなものさしで人間をはかってしまうと、その人に近づいたり、関わったりしたくない理由ばかりが積みあがっていきます。

そうではなく、いいところを出し合うことによって、逆にその人に近づきたい、もっと知ってみたい、一緒にいると楽しいというポジティブな気持ちも生まれてくるものです。

ポジティブなものさしは、いい意味で向上心を育んでくれます。

「よし、この人のいいところを真似してみよう」

「私もこの人のようになりたいな」

その場にいる全員が、そのような気持ちの上で人間関係を作ることができれば、派閥なんてものは出て来ようがなくなります。

私は、少なくとも自分の周囲にはそのような空気感が生まれる環境を作れるよう、自分にできることを常に探しています。

悩む時間は1週間以内で

私たちに悩みはつきものです。

まるで悩みがないという人は、おそらくひとりもいないでしょう。それが自然な姿です。

しかし、ひとつの悩みをずっと持ち続けてしまうのは考え物です。解決できない悩みがあるならば、割り切って、いくつかある選択肢の中から、答えを選び出さなければ、物事は前に進まないのです。

私は、悩む時間を、あえて1週間までと決めています。1週間以内に、うまくいく方策がとれるならそれはそれでいいのです。今日からでも明日からでも改善に入ります。

しかし、いくら悩んでも解決できないことならば、1週間以上悩むのは時間の無駄だと考え、そのことへの時間はもう取らないようにしたほうが精神衛生上よいと私は思います。

また、悩むときは、一度頭を真っ白にしてから、いろんな方の意見に耳を傾けるようにし、いただいた意見をゆっくりと咀嚼《そしゃく》してから、頭の中で自分の感覚とすりあわせるようにしています。

他の方に意見をいただくときに注意することは、「自分の考えは間違っていない」と変に凝り固まった状態で意見を聞かない、ということです。父のような頑固な人にありがちなのですが、自分の想いを大切にするあまり、意見を聞く、というのが形だけになってしまうのはもったいないと思います。せっかくいただいた意見をうまく参考にすることができなくなってしまうのです。

悩むのは1週間以内と決めてしまうことによって、自分の中では納得いかない部分があったとしても、またひとつ前進する場合もあります。いつまでも同じところで足を止めていないように、変化し続けるというのが大切なのだと思っています。

付き合いの中からチャンスをつかむ

私は社長になってから、周囲との付き合いというものをとても大事にしています。

俗なところでいえば、飲み会などでしょうね。関わっている団体や協会においても、できるだけ最後までお付き合いできるように努力しています（もちろん、予定があって、どうしてもいられないこともありますが）。

あるとき、誰かに言われました。

「荒木社長は、お付き合いいいですね」

私は、そもそもお酒を飲めません。それでも飲み会ではいつも、最後まで皆と一緒にいるので、

「荒木社長は本当に人が好きなんだろうか、それとも付き合い上手なんだろうか、それとも家に帰りたくないのかな～」

と、とにかくいろんなご想像をなさっていたわけです。

断っておきますが、家に帰りたくなくて遅くまで付き合っているのでは断じてありません。

脱線しましたが、要するに人付きあいがいいわけです、私は。

どうしてそんなに人づきあいがいいのか、それはいろんな人の話を聴けますし、自分や会社の変化の種を見つけるヒントをいただくことができるからです。

それだけでなく、話が深くなっていけば、接待だと意気込んでいなくても、仕事の話がするりと自然に転がり込んでくることもあります。

また私がやりたいことを伝えていくことによって、想いを形に変えるチャンスが巡ってくることだってあるのです。

よいものをひとつでも多く持って帰ろうと思って参加していますから、良いものが生えている畑から遠ざかっても仕方がない。畑を丹念に探すことによって、収穫量は増えるのですから。

そうやって畑の中からチャンスを探し出していくうちに、この本のお話にもなったのです。

父の影響下から離れ、いろいろと勉強し、自分の考えを伝えられる環境になって以降、私は、だんだんと周囲の人に夢や希望を与えられる存在になりたいと思うようになっていました。

学校の成績は悪かったのですが、それでも、今の自分にまでは成長してくることができました。だからこそ、

「勉強ができようができまいが、きちんとした生き方をしていれば、今の私くらいの人間にはなれるんだよ。出版だってできるしね。だから、学校の成績なんて気にせずに、一生懸命生きていこうぜ！」

今回、この本を執筆することで、多くの子供たちにも、そう伝えられるチャンスができた、というのは本当に嬉しいことです。

これを地元の子どもたちが大きくなって読んでくれて、「こういう考え方で社長さんがやってきた会社だったら、ここで仕事をしてみたい」と考えて、私たちの会社に来てくれたりしたら、それも嬉しいことじゃないですか。

自分は笑って周囲は泣いて

人間というものはおもしろいもので、この世に生を受けるときは、オギャアオギャアと泣いて生まれてきます、そのとき周囲の人たちは笑っているものです。この世に生まれてきてよかったね、ありがとう、ようこそお父さんお母さんのもとへ……そのような歓迎の雰囲気があるものです。

反対にこの世から去るときは、どうでしょうか？

これは私の考えですが、死を迎えるときは「自分は笑っていて、周囲は泣いている」、そんな状況が一番ありがたいと考えています。

自分が笑うためには、満足できる人生を過ごさなくてはいけません。後悔がなく、「本当に楽しい人生だった」と思うことができれば、笑って逝《い》けるのではないかと思うのです。

もちろん家族や友人に会えなくなる寂しさもあるかもしれませんが、それまでの人生の中で、たくさん同じ時間を過ごし、十分に幸せな時間を過ごせたら、やはり笑えるはずです。

でも、周囲には申し訳ないですが、私が逝くことを寂しがって欲しいのです。それは旅立つ者の最後のエゴだと私は思います。「それくらいのわがままは、最期くらいは許してくれよ」と言いながら。

ソフトバンクの創業者である、かの孫正義さんも、かつて大病を患い、「あと5年の命です」と宣告されたことがあったそうです。

そのときに、坂本龍馬の人生を知って、5年であれだけ改革できたのだから自分でもできるだろう、と思ったそうです。そして、命があと5年だと考えたら、家もいらない、車もいらない、とまず物欲がなくなり、「本当に欲しいものは何か」と考えたら、最終的に、

「生まれたばかりの娘の笑顔が見たい。家族の笑顔が見たい。社員の笑顔が見たい。お客さんの笑顔が見たい。よし、皆の笑顔を見るために残りの人生を捧げよう。大事なのは、お金じゃないんだ」

こういう気持ちに変わられたそうです。

坂本龍馬も、「いつ死ぬかわからないのだから、好きなことをやりたい」ということをモチベーションにして、幕末を駆け抜けました。

私は歴史上の偉人の中でも、特に坂本龍馬が好きです。龍馬は、12歳で母を亡くし、また若くして父も亡くしました。そうした経験を経て、「人間は、なぜ生まれてくるのか?」と自問自答していたそうなのです。

龍馬がどう考えていたかは知る由《よし》もありませんが、私はこう思うのです。


人はなぜ生まれてくるのか。

それは、生き方がわからないから。だから人は生まれてくるんじゃないか。

そして生きていくうえで、確かめているのではないか。

何を?

やりたいことを、思い切りやれているかどうかを。


龍馬ファンの方に誤解のないよう添えておきますが、龍馬と私の考えをオーバーリンクさせているわけではありません。今、私がいろいろと経験を重ねたうえで、「私なりの考えとしてはこうである」ということです。

龍馬は、昔の人なのに写真入りの名刺を配っていた。私はやっと3年前くらいから始めたばかりなのに……当時としては革新的な行動を数多くしたことで知られています。

やりたいことをやっているというのは、まさにこういうことなのではないでしょうか。

気になるものには、手を付けてみる。または新しいものを一度自分の中で咀嚼《そしゃく》して、それを自分なりに転用・応用していく。

ただ惰性で動くのではなく、一歩先を考えて動く。

やりたいことへ近づくために、やれることは何だってやってみる。

思い切りやってみると、わかってくることが必ずあるのです。

第4章　亡き父、子供時代に学んだこと

なりたかったもの、なったもの

今、私は荒木運輸の2代目社長として、初代である父が作り上げた会社を引き継いでいます。

しかし、実を言うと、私は社長になりたいとは、昔からまったく思ってもいませんでした。私の子供のころの夢はプロ野球選手でしたし、子供が好きだったこともあって、少し大きくなると保父さんをやりたいと思っていました。

父も、別段、運送会社を継いでほしいとは思っていなかったようでした。

しかし、いざ父が倒れ、誰かが父に代わって社長となり、采配《さいはい》を振るわなくてはいけないとなったとき、私も、それまで社員として働いていましたし、やはり身内がやらなくてはいけないのでは、という気持ちに駆られました。

それは単に、父が積み重ねてきたものを自分が引き継ぎたいという、よくある世襲《せしゅう》の心意気ではありません。どちらかというと、恩返しの気持ちが大きかったと思います。

父の稼ぎのおかげで大学を卒業するまでやってくることができましたし、父が仕事をさせてもらっていた運送業界に、ご飯を食べさせてもらっていたようなものです。そのお返しがしたい、という気持ちでした。

さらに、父はとにかくワンマン社長だったので、社員が苦労してきた姿を目《ま》の当たりにしていました。そんなに苦労してまでも、父のもとで働いてくれた彼らに恩返しがしたい、という気持ちもありました。

そして、父に代わって、自分が社員たちを守らなくてはいけない、と思ったのです。

とはいえ、大学を卒業してすぐに荒木運輸に入ったわけではありませんでした。ゆくゆくは荒木運輸で働くことになるだろうとは考えていましたが、一度荒木運輸に入ってしまったら、他の会社に転職することは考えられません。ですから、いきなり父の下に入るのではなく、その前に違った文化を体験してみたかったのです。

最初は、同じ運送業ということで、京都にある大手の運送会社で働きました。

そこで配送業の厳しさ、大変さをいやというほど味わいました、その後、同じく京都の建設会社に転職。基礎工事から何から、建築というものをみっちり学びました。

建築は、運送業とは畑違いではありますが、完全に違う文化だとも言いきれません。ダンプカーを扱ったり、建築資材の運送を手配したりと、重なる部分もありました。

その建設会社を辞めて、晴れて荒木運輸の社員になったのが平成8年です。今からちょうど18年前でした。そこから父とは10年一緒に仕事をしてきたのです。

イエスマンだった過去

平成8年、私が荒木運輸に入社したとき、私にはひとつの想いがありました。

父がワンマン経営者であることは知っていましたし、それによる会社の負の部分も知っていました。その負の部分に対して、自分が外で培《つちか》ってきたことを活かし、また私が入社したことをきっかけに、社員全員が働きやすい会社にしたい。また売り上げを伸ばせる会社にしたい。そう思っていたのです。

その思いから、入社後すぐに、積極的にいろいろな改善点や、会社のマイナス部分を父に伝え、なんとかしようと試みました。

しかし、結果は惨敗の連続。理論、理屈ではなく、父はまったくといっていいほど意見を聞いてくれません。何度も何度も提案をしましたが、ことごとく却下されてしまうのです。

人間、却下や否定が続くと、本当に自信がなくなりますし、自分の存在意義がわからなくなります。そうなると、自分を傷つけないために発言をしなくなってしまいます。

そして、とうとう、何もいうことができなくなってしまいました。子供のころ、厳格な父の前で、無邪気にふるまうことができなかった、内向的な自分が再び戻ってきてしまったかのようでした。

結果、「社長には何を言ってもムダだから、ハイハイと返事をしていた方が楽だ」という、会社に充満していたイエスマンの雰囲気に私自身も飲まれてしまったのです。

それを改善できないまま、父が亡くなるまで、10年もの歳月が流れていきました。

家でも失敗が許されない

まさに父はステレオタイプな昭和の頑固オヤジ。昔のドラマのようにちゃぶ台こそひっくり返しませんが、それに似た怖さはありました。冗談一つ通じない頑固者でしたので、ちょっとくだらない冗談を言うと「何くだらないこと言っとるがや！」と怒りの鉄拳が飛んできました。

一番辛かったのは、野球をしてて、「お前のせいで負けたんだ」と現場でも怒られ、さらに家でも怒られたことでした。そうやって、父にはしょっちゅう泣かされていました。

我が家には5人の兄弟がいました。一人が早くに亡くなり、一番下が養女に行ったので、実質は私と妹と弟との3人兄妹でした（弟は現在常務として私の片腕になってくれています）。とにかく怖くて強大だった父のもと、兄弟で力を合わせて「怒られない」ようにつとめてきました。怒りから逃げなくてはいけませんので、必然的に父親を避けるようになっていきます。家でも失敗が許されない。それが我が家でした。

でも、父は子供への関心はとても強かったように思います。我が家では、どちらかというと母よりも父のほうが子供とよく接していたように思います。もっとも母が、子育てに関心がなかったわけではありません。母は竹を割ったような性格で、むしろ子供をひとりの人格として認め、自由を認めるタイプでした。でも父は、割と子供に世話を焼いて手を掛けたがる、つまり子供の教育をきっちりとしたがるところがあったのです。

最近でこそ、イクメンという言葉が流行っていますが、厳格なイクメン、それが我が家の父だったのです。

父を動かしていたもの

そんな父を動かしていたのは、富山が好き、新湊が好きという地元愛と、それからくるモチベーションにほかなりませんでした。

あまりに地域貢献意識が強いあまり、越中富山の薬売りをイメージしたロゴマークをトラックに描いていたほどです。それが高じて富山県から広告費援助の話などもありましたが、「自分は富山をアピールしたいからやっとるから、そんなもんいらんちゃ」と頑《がん》として聞きませんでした。

こと仕事になると、人情的な部分だけではまかないきれませんが、それでも根底には、損得を抜きにした人情のある判断が必要だということを、そんな父の姿から学んできたのです。

人のために何かをする。

簡単なようでいて、なかなかできることではありません。しかし父は、それを簡単にやってのけてしまう人でした。

父は、人から頼まれたことは断らないというシンプルな考え方の持ち主でした。それが高じて、家族の時間など顧みず、地域貢献をすることに夢中になっていたり、どんなに利益が出なくても、人のために仕事をしたりすることもしょっちゅうで、家族や会社には迷惑なことも少なくありませんでした。

また、人に疑いを抱くこともせず、騙されてしまうこともありました。

しかし、義理人情ではないですが、損得勘定抜きで人のために力を尽くすことに男気を感じていた父の姿は、怖い存在でありながらも、私にはまぶしく見えることもありました。

楽しく野球ができればいい

とはいえ、そんなことは子供には関係ありませんので、私はといえば、どちらかというとやんちゃなガキ大将タイプ。

ガキ大将という言葉は、もう古いのでしょうか。周囲の子どもたちを積極的に引っ張って、いろんな遊びを考えたりするタイプでした。

当時は今でいう携帯アプリもなければテレビゲームなんてものはありません。子供の遊び場といえば、やはり野山や河川、つまり豊かな自然の中でした。

川に行けばザリガニをつかまえ、フナを獲ってみたり、泳いでみたり。野道を歩けば蛇をつかまえて振り回してみたり。遊びと言えば、かくれんぼや男女混合でゴムとびをするなど、古き良き、素朴なものばかりでしたね。

同世代の大人たちは、もしかすると「私も」と苦笑いしているかもしれませんが、きれいな服を着て行って、どろどろになって帰ってくるような、そんな毎日でした。

そんなわんぱく少年（と呼べるほど可愛かったかは別にします）が、少しずつ変わっていったのは、野球との出会いでした。

子供というのは単純なもので、「好きこそものの上手なれ」を地で行くものです。楽しくて好きになる。好きになればうまくなる。だからどんどん好きになる。その好循環があるのですね。

私は野球を始めてから、練習して上手になればなるほど、結果が良くなるほど、野球というスポーツにどんどんのめりこみました。私の周囲も同様でした。

チームは瞬《またた》く間に少年野球大会で上位にくいこめるようになり、中学生と交わる市の学童野球大会で優勝して県大会に出たこともあります。

毎週土日は練習試合が組まれていたため、練習は平日、学校が終わってから。ランドセルを放り投げてユニフォームに着替え、暗くなるまで砂ぼこりにまみれるわけですから遊ぶ時間はありません。

それでも野球が好きな少年たちは、無我夢中で野球に取り組んでいたのです。

今でこそ人口不足でチーム存続の危機が噂される地域もありますが、当時はひと地域で3チームくらいはゆうにできるほど子供の数が多かったのも、野球の人気に拍車を掛けました。当時の私たちの仲間は皆口をそろえて、将来の夢はプロ野球選手だと答えていたくらいです。

かくいう私も小学校まではプロ野球選手になりたいと思っていたひとりです。しかし、中学校のころ、その夢を諦めました。

そのころ、私はピッチャーをしていたのですが、肩や肘を痛めてしまったのです。そのときに私は、「もともと、直球があまり早くなかったのだ」ということに気づきました。直球では勝負できず、変化球が多くなっていたので、肩や肘を痛めてしまったのでした。

さすがに変化球だけでプロになるのは厳しいことくらい、中学生でもわかります。そこで、「俺はプロになれるレベルではないな」と悟りました。

それからは「楽しく野球がしたい」と思ったのです。

「いけない」だらけの毎日

プロの夢をあきらめたのですから、普通に楽しくエンジョイすればいいはずなのに、楽しく野球ができるようになったのは、高校を卒業するころでした。そう思ってからそれが実現するまでに3年もの月日が必要だったのです。

どうしてできなかったのか。

それは、失敗を恐れてしまう心理習慣が身についてしまっていたからです。

子供のころは、あんなに楽しく野球をやっていたのに。ミスしてはいけない、サインを見逃してはいけない、練習に遅刻してはいけない、大人の言うことを聞かないといけない、身の程《ほど》をしらないといけない、いけない、いけない。

その「いけない」だらけがいつの間にか私を縛ってしまっていました。何をするにも消極的になってしまっていたのです。果敢にチャレンジする魂が「いけない」だらけで奪い去られてしまっていたのです。

失敗をするということは、すべてにおいてマイナスにしかならない……。人生は失敗してはいけないもので、物事をうまくこなせない人間はダメな人間だ……。極端に言うと、そのような減点法の固定概念に縛られてしまっていたのです。

この「思い切って行動できない」ということが、今、まさに私の人生の大きなテーマとなっています。

思い切って行動できないことで、私が、そして会社が変化できなければ、会社が無くなってしまうかもしれません。そうなったら、先代や私を信じてこれまで付いてきてくれた社員も、そしてその家族をも路頭に迷わせてしまうことになります。

そんなことは断じてあってはならないのです。

もしかすると、私が社長になることになったのは、「この〝思い切って行動できない〟自分をなんとかしようね」と神様が課題を背負わせてくれたからなのかもしれません。

決められたルールの中で

今思えば、私が子供のころは、決められたルールの中で生きてきたように思います。ルールというのは当然社会の法律的なものも含まれますが、いわゆる道徳観のことです。

ガキ大将でありながら、私は基本的には真面目な少年でした。日本人特有の、いわゆるひとりだけ人とは違うことをするという脱線ができない性格だったのです。

真面目に育ったのは、やはり父親の影響が大きいでしょう。父は、荒木運輸の先代社長です。

昔の父はことあるごとに「勉強しなくてもいいからスポーツしろ」と話してきかせてくれました。成績が少々悪くても注意されることはなかったのです。もっとも、これは子供にとっては、とても都合のいい言葉ですね。そもそも勉強はあまり好きではありませんでしたから。

しかし、子供である私に都合がよかったのはその一点だけ。父はいつも苦虫をかみつぶしたような独特の顔をすることが多く、いわゆる「こオヤジ」でした。苦虫をかみつぶした顔つきは父の持つ厳格さの表れで、その厳格さは生活にもしっかりと出てきていました。

たとえば消灯は必ず21時でなくてはいけない。時間になると容赦なく寝かしつけられ、夜更かしなどはとんでもないことでした。

テレビも父親が見る番組が最優先。子供にはチャンネルを選ぶ権利はありません。父が見ている番組を、隣にちょこんと座って見ているだけでした。

また、当時は少年ジャンプなどから、子供向け漫画の大ヒット作が次々と生まれていましたが、我が家では漫画厳禁。漫画なんて読んでいると、父の大目玉がくらわされていたので、友だちの家でこっそりと読むしかできませんでした。

父の行動力

そんな父は、少年野球チームの監督としての顔も持っていました。

正確に言えば、監督になる以前に、新湊の地元にスポーツ少年団を立ち上げたのも父と父の仲間だったのです。そう、名士とまではいかなくても、父は地元ではちょっとした有名なおじさんだったわけです。

そんな父が野球チームの監督をするようになってからは、より父親の厳しさと、存在感を強烈に感じることになりました。

これはもう、子供にとってはたまったものではありません。想像してみてください。いつどこでお説教が飛んでくるかわからない怖い父親が、家にいるのはもちろんですが、放課後毎日、グラウンドに立っているわけです。鬼監督として。

そもそも厳しいわけですから、練習で怒られ、家でも怒られる。

しかも自分の息子を贔屓《ひいき》しているなんてことになると、他の子どもたちや親御さんに示しがつきませんから、身内の情が逆に働いてしまう。つまり、人一倍怒られたり、矢面《やおもて》に立たされるわけです。

「グランドに来たら、お父さんではなく、監督さんと呼べ！」

「親でも目上の人に対しては敬語を使え！」

毎回練習の終わりに、そんなことを一人言われていました。

よく親子鷹だなんて、きれいな言葉がありますが、とんでもない。親子のなれ合いをチームに持ち込むことは許されなかったので、鷹の子は案外大変なものなのです。

そんな父（監督）のやり方は、私以外のチームメイトには功を奏したようで、友人からすると「お前のところのオヤジさん、いいオヤジさんだがや」と評価が高い。こちらからすると「人の気も知らないで」と思ったりもしましたが、監督としてはとても信頼が厚かったようでした。

子供のころはそんな目で見ることはできませんでしたが、振り返って見ると、確かに野球に真剣に向き合っていましたので、「野球に打ち込む楽しさを教えてもらった」と感謝する子どもが多かったのです。

また、実際に父は、野球を通して、人と人とのつながりというものを教えていたように思います。

チームの練習や試合だけでなく、ときには皆を引き連れてバーベキューや海、スキーに行ったり。チームメイトに何かあると、練習のあとにラーメンを食べに連れて行ったり。

自分の子だけを贔屓《ひいき》にすることなく、常にチームメイトたちの生活の後ろに見え隠れする悩みや不安、問題に寄り添っていたのです。そうやって、いつも誰かのために動いていたのを知るのは、ずっと後になってのことでした。

父に勝てない融資力

父は一言で言えば、よくも悪くも豪快な男でした。悪いところも目立ちましたが、自分が逆立ちしても勝てない武器も持っていました。そのひとつが、資金調達能力です。つまり、お金を借りるのがずば抜けて上手だったのです。

お金を借りるといっても、それは対銀行との話。口に出せない金融機関との取引などは一度もありません。

父は、あるときぶらりと銀行に行きます。事業計画書のようなものも持たず、いきなり「融資してほしい」と直球ストレート。内角も外角もカーブもフォークもシンカーもありません。ど真ん中ストレートです。

当然ながら銀行としてはお断りをします。どこのオヤジが何を言っているんだ、と。これは私が銀行の融資担当でも言うでしょう。でも父はへこたれません。「何で貸してくれないんだ」とさんざん文句をぶちまけた銀行に対して、けろりとした顔でまた次の日に行くのです。

さすがにこれは、当時の融資担当も空《あ》いた口がふさがらなかったことでしょう。

父が武器にしていたのは、人としてのパワーでした。行動力、やる気を見てほしいという、その勢いだけでお金を融通してきていたのです。

まともに考えると、そんな理屈でお金が借りられるわけはないのですが、何がどう転んでいくのか、借りてきてしまうのです。

ただ傍目で見ている限りでは、父の豪放磊落《ごうほうらいらく》さが、人の心のタガを緩めてしまったのでしょう。自分がオープンにしていけば、相手からもオープンに出てくる。自分が胸のうちを隠すと、相手も隠してしまう。

そのシンプルな考えだけで、父は銀行とやりとりをしていたのですね。

言葉を選ばずに言うと、先代社長は裏表のない馬鹿正直な人。でも、人の心をひらかせていくことについては天才的でした。

生きるのも一生懸命

肺がんで父が倒れて、いよいよ死期が近づいてきたとき、やはり父は頑固だったということを思い知らされるエピソードがあります。

余命残りわずかと医者に言われたとき、私が父に尋ねたのです。

「何かしてほしいことはある？」

すると父は、

「いや、治すからいい」

と言うのです。もちろん家族としては1日でも長く生きてほしいですし、治るものなら治ってほしいというのが子としての気持ちでもありました。

しかし、肺がんの末期で今更何をしても無駄なのではないか、という気持ちのほうが大きかったのは認めざるを得ません。

そんな私たち家族の想いを知ってか知らずか、それからの父は、とてつもない努力をしたのです。生きるということへ向かって、一生懸命やってきたのです。

例えば、「体力が落ちるから風呂に入ったらだめだ」とお医者さんに言われたのに、ガンにいいからと言われて近くの銭湯の炭酸風呂に通って、毎回フラフラになって帰ってきたり、ガンを治したという整体師さんのところに、「あなたの症状では無理です」と言われたのに、無理やり、2、3回押しかけたりもしました。

さらには、ガンマナイフという、脳のガンが転移した部分をX線で焼くという治療があり、やっても無駄だと言われていたのに、ほとんどベッドに寝ている状態で、富山から金沢まで2回くらい通いました。

「ダメだと言われてもなんとかしてみせる」という父の信条がはっきりと見て取れるほど、治療のためなら何でもやっていました。遊びも、仕事も、とにかく一生懸命にやる。それが父だったのです。

今から思うと、子育ても、ここ一番というときは一生懸命動いていました。普段は家にいないのですが、いざというときにはやはり家族が頼りにする存在。

その背中を見て、「一生懸命」の意味を改めて学ばされたことを思い返しています。

男として魅力的な父親

父が亡くなったとき、喪主である私が弔辞《ちょうじ》を読ませてもらいました。話した内容は、特別なものではなく、ありふれているものです。

「父にはいいところも悪いところもありました。そんな父を愛してくださってありがとう」

そのような内容でした。

でも、その弔辞は、ほかならぬ私自身に強く響きました。まさに父の存在を再確認できたと言えます。

誤解を恐れずはっきりと言ってしまうと、父親として、また会社で言えば一緒にいて大変だと思うことが多くありました。しかし、同じ男として見たとき、父はとてつもなく魅力的な男だったように思います。

人に頼まれたら嫌と言えない。

思いついたことは、すぐに実行に移す。

親分肌であり、直感型。
やりたいことは、頭で考える前に身体が動く。
その行動力は、とびぬけて素晴らしかったのです。

父の豪傑さを受け継いでいくことは出来ませんが、私は私らしく、私なりの社長像を目指し、常に成長・変化しながら、父から受け継いだこの会社を成長させ、私を育んでくれた射水という町やここに住む人々、そして運送業界に貢献していきたいと思っています。

あとがき

いろんなことを勉強していく中で、最近特に、生き死にを意識するようになりました。

もしかしたら急に明日死ぬかもしれない。

急な病気や事故があるかもしれない。

そのように「死」を意識するようになると、何事も今やらなければ、できなくなってしまうかもしれない、とすぐにやることを意識するようになり、行動が早くなった気がしています。

同じ経営をするにしても「今、思い切ってやるぞ！」と一気に行動した人が成功しています。ケンタッキー・フライドチキンの創業者である、カーネルサンダースは、なんと65歳で一念発起して今のケンタッキーを築き上げました。

年なんて関係ないのです。要は、やる気と覚悟の問題だと思います。人間はずっと生きていられるわけではありません。私は、今、荒木運輸の社長をやらせてもらっていますが、未来永劫、社長でいられるわけではありません。だからこそ、今、いいと思ったこと、やりたいことをやっていかなくてはいけないのです。

これまでやってこなかったことにどんどんチャレンジし、変化、そして成長していかなければいけないのです。そうしていかなければ、どんどん変化する今の時代に対応することができず、もしかすると会社が無くなってしまうかもしれないのです。そして、これまで私を支えてくれた社員たちやその家族を路頭に迷わせることになってしまうかもしれないのです。

そういう思いをいつも持ちながら、仕事に、人生に向き合っています。

私がやることすべてが正しいとは思いません。しかし、私が様々なことにチャレンジしている姿を見てもらい、感じてもらうことで、周りの大切な人たちに影響を与えることができ、その周りの人たちが人生にチャレンジするようになり、変化、成長していき、その姿を見てまた周りが変わっていく。

そんな生き方ができれば幸せだ、と思います。

もしも本書を読んでいただくことで、あなたが思い切って変化し、成長し、そして周りに良い影響を与えていくような人になる、そんな初めの一歩を踏み出すきっかけになれば、嬉しく思います。

最後になりましたが、本書を執筆するにあたって惜しみないご協力をいただきました編集の亀岡亮介さん、荒木運輸に関わるすべての皆様、本書の作成にご協力くださいました皆様に、この場をお借りして厚く御礼申し上げます。

そして今は亡き父に、この本を捧げます。

平成28年1月10日

荒木一義

【著者略歴】

荒木一義（あらき かずよし）

1970年5月4日　射水市（旧新湊市）に生まれる。
天理大学卒業後、佐川急便株式会社に入社。そこで運送業のいろはを学び、さらに建設会社での勤務経験を経て平成8年に株式会社荒木運輸へ入社。

平成18年に株式会社荒木運輸代表取締役に就任。
環境省のエコドライブコンテストにおいて、1万2千事業所の中で優良賞を獲得。その年は燃料代で500万円の削減を達成。
社員の声に耳を傾け、一緒に変化成長していくことで社員満足度が上がり、さらに多くの社員が荷主から指名が来るような社員に成長。それに比例して利益も伸び、社員の賞与は毎年約10%ずつ上がり続けている。
運送経営改善社主催の実践アカデミー賞にて、2013年は優秀賞、2014年は運送業界リーダー賞を獲得。

現在は、会社の代表としての業務だけでなく、全国の伸び悩む運送会社や富山県の伸び悩む中小企業が前へ向かって一歩を踏み出すための講演や、子供の頃からの経験を元に子供向けに生き方を伝える活動も行っている。

【株式会社荒木運輸】
本社　〒934-0052　富山県射水市松木335
　　　TEL 0766-84-5521／FAX 0766-84-9002

変化は勝利を導く～繁栄する運送会社経営の鉄則～

2016年2月15日　初版発行

著者©　　荒木一義
発行者　　亀岡亮介
発売元　　星雲社
　　　〒112-0012 東京都文京区大塚3丁目21-10
　　　電話　03-3947-1021／FAX　03-3947-1617
カバーデザイン　kazu_design
印刷・製本　　株式会社シナノ

発行所　Eveil エベイユ　〈株式会社 エベイユ〉
〒104-0061　東京都中央区銀座6-13-16　銀座Wallビル UCF 5階
Tel 03-5843-8142／Fax 03-6866-8656
http://eveil-jp.net

ISBN978-4-434-21737-1　C0034

―エベイユ発行書籍の紹介―

低コストで集客&ブランディング!

伊藤佳恵著

10円で年商を2倍にする方法

■定価 1500円+税

運送経営改善社代表・高橋久美子氏大絶賛!

小規模運送会社に革命を起こす本!
「何から始めればいいかわからない」という人は、
まず、この本を読むことをお勧めします。最初の一歩が踏み出せます。

ファックス一本で新聞等のメディアに掲載され、3年で年商が2倍になった方法をお伝えします。

生きる勇気、やり方を見つけられる本

重松 豊著

死ぬのは“復讐”した後で

〜いじめられっ子への起業のススメ〜

■定価 1500円+税

学生時代、いじめられっ子だった著者が見つけた、
辛い中で生き抜く方法、自由になる生き方とは?

小学校、中学校と、学校でもいじめられ、家庭でもいじめられ、と居場所がなかった著者が見つけた、そんなつらい日々でも生き抜く方法とは、復讐だった。
自分が自由になり、楽しい人生を送ることが出来る復讐とは!?

行動できる!

高橋久美子著

運送会社経営完全バイブル

〜トラック20台以下の運送会社が少予算で売り上げを上げる方法〜

■定価 4800円+税

石坂浩二氏大絶賛!

何ページでもいいので、開いてみてください。
この本はただの運送屋さんの話ではないことに気付くでしょう。
これからの私の生き方を変える一冊です。

物流ウィークリー紙の連載等でもお馴染みの、高橋久美子氏のノウハウが詰まった一冊。目先の悩みや不安を吹き飛ばすための「行動」をうながしてくれる。
この本を手に取った瞬間から、あなたの思い描く未来を手にすることができる!